普 天 之 下 · 盡 是 好 書

普天出版家族
Popular Press Family

凌雲文創
A-Plus Creative Company

你的態度，決定你的前途

改變應對態度，會讓你心想事成

王渡——編著

詩人朗費羅曾說：**「重要的不是你站在那裡，而是該往那個方向移動。」**的確，在變動不羈人生過程中，重要的並不是你現在所站的位置，而是你決定要往何處去。不同的態度，造成不同的人生高度，也讓人走向不同的人生道路。未來會發生什麼事情，或許不是我們可以左右的，但是，我們絕對可以藉由改變自己的態度，讓自己更快心想事成。

出版序

你的態度，決定你的前途

一個人確實知道自己是個什麼樣的人，可以做什麼樣的事，才能發揮一個人存在的價值。

詩人朗費羅曾說：「重要的不是你站在那裡，而是該往那個方向移動。」

的確，在變動不羈人生過程中，重要的並不是你現在所站的位置，而是你決定要往何處去。你的態度決將會定你的前途，不管眼前遭遇的是順境還是逆境，都要保持積極樂觀的態度，開創自己的前途。

不同的態度，造成不同的人生高度，也讓人走向不同的人生道路。未來會發生什麼事情，或許不是我們可以左右的，但是，我們絕對可以藉由改變自己的態度，讓自己更快心想事成。

生命中總會有陰影出現；面對陰影，哀怨悲嘆是無用的，像鴕鳥一樣躲進陰影裡，只會讓生命充滿陰霾，你必須做的是，積極地想辦法重見光明，人生才有璀璨的前景。

環境本身惡不惡劣並不能決定我們快樂或不快樂，重點是我們如何看待自己，又用什麼心境面對自己所處的環境。

適時改變自己的心態，放下內心那些偏頗、自怨自艾的想法，人生才有開闊的出路。只要不再自卑，不再怨懟，你就能走出陰霾，不讓自己繼續沉陷痛苦和挫折之中。

第二次世界大戰結束之後，美國大兵強斯頓光榮返鄉。

他在戰爭中受了腿傷，行走不便的腿上，佈滿了各式疤痕。國家頒授的徽章雖然帶給他榮耀，但對他而言，最幸運的事還是能夠離開戰場，而且他的腿傷並

不致於影響他最喜愛的運動——游泳。

腿傷恢復到一定程度後，他便不需要再經常進出醫院了，醫生也建議他經常去游泳，因為游泳是一項很好的復健運動，對於他的腿傷有相當大的幫助。

於是，在一個風和日麗的星期天，強斯頓和太太一起到海灘度假。

下水游過幾趟後，強斯頓回到沙灘上享受日光浴。但不久之後，他開始感到有點不自在。

沙灘上許多人來來往往，強斯頓發現大家都在看他，注視著他滿是傷痕的腿。過去，他很少為自己的腿傷感到不自在，他並不特別覺得自己微跛的腿有什麼奇怪。但是，在沙灘上，光裸的腿失去衣服的遮掩，那些坑坑疤疤的傷痕，看起來似乎特別刺目。

到了下個周末，當太太再次提議到海邊游泳時，強斯頓拒絕了，他有點自卑地說：「與其到海灘上去，我寧願留在家裡。」

他的太太聽了，回答：「我知道你為什麼不想去，但是，我想，你其實誤會了你腿上那些疤痕的意義。」

強斯頓只能顧左右而言他，但是他的太太卻堅持繼續說下去，她說：「強斯頓，你腿上的疤痕是勇敢的象徵，是勇氣的徽章。為什麼要想盡辦法把它們隱藏起來呢？你應該要永遠記得自己是如何英勇地得到它們，而且要驕傲地帶著它們，不論去到何處。」

強斯頓聽了，心中充滿感動，看見太太支持的目光與笑容，內心有了一番省思，決心以不同的想法去看待自己的腿傷與疤痕。

想了許久，他對太太說：「走吧，我們一起去游泳。」強斯頓相信，在他和太太的彼此支持之下，他們未來的生活將會有更好的開始。

人類是很奇怪的動物，我們不希望失去個體的獨特性，卻也不希望自己變成異類；我們希望自己是特別的，但又不想要變得太過特別。

鶴立雞群雖然更顯出那隻鶴的卓爾不群、出類拔萃，但同時也顯現出那隻鶴與群雞之間的格格不入。

強斯頓是特別的，畢竟一般人多半不會滿腿傷疤，然而，一般人也不見得能

如他在戰場上立下光榮的功績。這才是強斯頓真正的特別之處。

強斯頓的妻子想要提醒他的，正是這麼一回事。身爲一個擁有光榮功勳又有滿腿傷疤的特別人物，首先必須要了解自己的特別之處，同時也看重自己異於常人之處，必在乎世俗庸人的眼光？換個心情，了解並且接受它們，畢竟每一項特別都屬於自己。

每個人都應當爲自己的特殊感到驕傲，不必爲外在形貌過於介懷。

諾貝爾文學獎得主羅傑．馬丁．杜．伽爾這麼說道：「不要自負，也不要謙虛。認識到自己強而有力，才能真正強而有力。」

人生旅程最重要的一件事就是喜歡自己，展現自己獨特的魅力。

一個人唯有確實知道自己是個什麼樣的人，可以做什麼樣的事，才能發揮自己存在的價值。

PART—1

先接受自己，別人才會接受你

生活上不會有無解的難題，端看你願不願意敞開心把問題解開，你的「心」往哪個方向走，你的世界就會往那個方向去。

PART—2

勇於面對，才能解開心結

生活中沒有解決不了的問題，人與人之間也沒有必須的敵意與敵對，特別是面對自己身邊的人。

PART—3

發揮潛能 就能開創精采人生

不要隨便否定他人，也不要輕易地否定自己，只要不放棄，每個人都有機會發揮他最大的潛能，開創最精采的人生。

PART—4

動動腦筋，就能點石成金

價值是可以創造的，而非一成不變的，一旦我們有辦法發掘出一件事物的價值，就如同擁有了點石成金的魔法棒。

PART—5

適時為自己打打氣

在增進專業能力的同時，別忘了隨時給自己信心，兩者一併提昇，才能得到最好的成績。

PART—6

頭腦比拳頭更好用

遇到蠻橫不講理的人，懂得運用智慧，才是避免爭執，同時又能解決問題的好方法。

PART—7

用機智來化解尷尬

要成為一個好的服務人員，不只要了解顧客的心態，現場的反應和情況的掌握，甚至幽默感，都是必須具備的條件。

PART—8

何必整天患得患失？

有得必有失，有失必有得。得意往往是失意的原因，失意則會成為得意的起點，在得與失之間，又何必太計較呢！

PART—9

控制情緒，才能立於不敗之地

所謂的控制不是壓抑，而是懂得適當地轉化自己的怒氣；懂得支配自己情緒的人，才能在人生中立於不敗之地。

PART—10

何必刻意刺激別人的情緒？

我們無須因為心中生疑，而刻意去挑動人們的情緒；故意煽動對方，並不會讓你確實看見他的真面目，只會讓你的人際關係倒退一步。

PART—11

不必奢求十全十美

在我們生活之中，所有的事物都是自然發生、自然結果，任何刻意的改變並不會讓它變得更加美好，一切只會變得更為虛假。

1.
PART

先接受自己，別人才會接受你

生活上不會有無解的難題，端看你願不願意敞開心把問題解開，你的「心」往哪個方向走，你的世界就會往那個方向去。

用心盡力就能創造奇蹟

只要能「越挫越勇」，成功不需要什麼背景條件，只要態度積極、認真，用盡全力，夢想終有一天會實現！

你認爲你是個失敗者嗎？你認爲自己的條件不夠好嗎？

如果，你連跌倒的原因都沒有找出來就放棄前進，那麼你就是眞正失敗的人；如果，跌倒後你能立即搬開絆倒的石頭，那麼你就不知道什麼叫失敗。

除了一雙手和一條腿之外，羅吉．克勞馥確實具備了打網球的條件。

天生殘疾的羅吉，從小就在父母的鼓勵與教育下，建立一個積極的觀念：「什

麼才叫殘障，這取決於你怎麼看待自己的殘缺。」

他們不希望羅吉為自己的殘缺感到難過，或利用身體的缺陷博取同情或幫忙，他們希望羅吉與常人無異。

從小，父親便鼓勵羅吉積極地培養運動興趣，他教羅吉打排球和橄欖球，而羅吉也真的沒讓父親失望，十二歲之時就已成為橄欖球隊的重要角色！

有一天，他在場上與對手追逐時，沒想到對方一把抱住羅吉的左腳，就在他奮力掙扎時，義肢居然被拔下來了！

誰也沒想到，只剩一隻腳支撐著的羅吉，竟然利用一隻腿，直躍過分線，並達陣得分，場上不禁響起了如雷掌聲。

羅吉經常對自己說：「我不可能每件事都會，所以，我只需要把注意力集中在我能做的事情上。」

問題是，羅吉還能做什麼事呢？

那也是運動項目之一，網球。雖然開始練習時，只要他一轉動，拍子便會掉落，但是他一點也不氣餒，雖然手腕的力量不如一般人，但是在他的努力與家人的支持下，積極地自我訓練的結果，不管是轉動球拍、發球或接球，他都已經到達了職業水準。

雖然，剛開始參加比賽，他屢嘗敗績，但是羅吉並未放棄，反而更加努力練習，比賽的成績也不斷地進步了。

肢體殘障的運動選手很少，沒有任何前例可以參考學習，但是羅吉仍堅信自己一定能突破所有侷限，打出一片網球新天地。靠著自己的努力，後來他終於成為第一個被美國職業網球協會認可的專業教練，一個殘障的網球好手。

羅吉說：「你和我之間的唯一差別，就是你們看得見我的殘障，而我卻看不見你們的缺陷。每個人都有障礙，你問我是如何克服身體的殘障，我只能告訴你，我什麼也沒有克服，我只是像你們一樣，學會了我原先不會做的事，就像你們學習彈琴或用筷子吃飯一樣，只是我比許多人用心盡力而已。」

羅吉．克勞馥說：「你們看得見我的殘障，而我卻看不見你們的殘缺。」

聽到這句話時，你是否忽然看見了自己的缺陷？

當電視中出現了許多殘障勇士，積極地用樂觀、奮鬥塡補身體上的殘缺時，我們除了驚嘆他們的生命力，想必也對自己的消極深感慚愧吧！

每一個人都有著不同的生命態度，有人一生平順，不能忍受辛苦，也不能接受失敗，即使小小的碰撞也能讓他們宣佈放棄，永遠跌坐在地上。然而，有更多的人和羅吉一樣，堅信只要能「越挫越勇」，成功不需要什麼背景條件，只要態度積極、認眞，用盡全力，夢想終有一天會實現！

看著羅吉．克勞馥的成功，正處於低潮期的你，是否只會驚嘆地目瞪口呆呢？合起你的嘴巴，把羅吉的成功經驗再咀嚼一番：「努力，堅持不懈並盡全力，然後你就成功了！」

放得開，人生就沒有不幸

心懷感恩，生活中便沒有不幸，即使遇見了各式艱難和困苦，你也能輕鬆走過，享受生命的快樂與美麗。

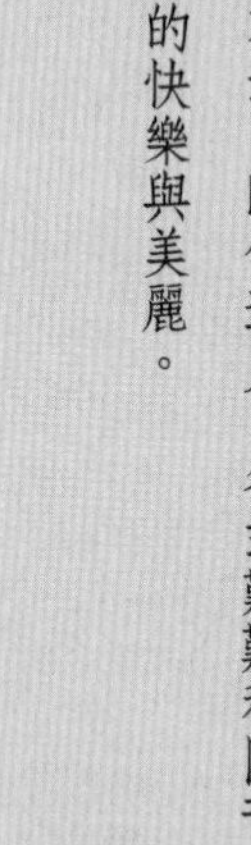

真正的自在生活，是依照自己的意志去做對生命有意義的事情，因爲，只有能夠敞開心胸，不爲無謂的小事煩憂，忘懷生命之中曾經有過的那些痛苦，才是最幸福、最自在的人。

忘記得失，生活才看得見快樂。

如果，你永遠只看得見臉上的那道細微的傷疤，並厭煩於它的醜陋不堪，那麼你不僅看不到傷痕外的美麗雪肌，還會讓那道傷痕在你的臉上無形孳生。

那年聖誕前夕，多娜的母親請鄰居邁克帶她的小女孩到教堂去。但不幸的是，那天晚上他們卻發生了一場車禍，小多娜也在這場車禍中傷了臉部。

事發當時，邁克緊張地來到多娜身邊，看見她左臉頰的兩道傷口血流如泉注，連忙拿出急救包，止住多娜的血。

雖然，事故發生的原因是路面結冰以致輪胎打滑而失控，交警追究責任後認定不是邁克的錯，但是，看著花樣般的女孩以後得帶著疤痕過一輩子，邁克仍然非常愧疚、自責。

邁克不敢去探望多娜，他擔心女孩會不理睬他，或是怒氣沖沖地責罵他，於是他只好去問護士，以了解多娜的情況。

護士說：「她很好啊！就像個小太陽似的，大家都很喜歡她。」

邁克半信伴疑地來到門口，偷偷地看著多娜，看著她的笑容，心想：「也許她已經忘了那場意外了吧？」

於是，邁克走了進去，對多娜說：「多娜，那天真的太對不起妳了，希望妳能原諒我，如果……」

多娜笑著打斷邁克的懺悔：「早就沒事了，你看，我還是很好哇！而且，這是我第一次住院呢！沒想到這裡有那麼多有趣的事，護士和醫生們每天都會講好多醫院的故事給我聽呢！」

邁克看著多娜的驚奇與笑容，放心了不少，不過每當他看見多娜臉上的傷疤，心中的內疚總會再次升起。

多娜出院後，反而成了大家矚目的焦點，她精采地講述事故的經過和醫院的經歷，也引來了不少的驚嘆聲。

一年後，邁克移居到另一個城市，從此和多娜一家人失去了聯繫。

十五年以後，那個教堂邀請邁克回去參加禮拜，結束時他忽然看見多娜的母親，正站在人群中等著和他告別。

邁克忽然想起了那場車禍、鮮血和傷疤，隨即見到多娜的母親笑容可掬地來到自己面前。

邁克關心地問：「請問多娜好嗎？」

多娜的媽媽開心地說：「你還記得多娜住院時的情況嗎？」

邁克說：「印象很深刻，她似乎對醫院發生的趣事很感興趣。」

母親說：「是啊！她現也成為一名護士了呢！現在還嫁給了一位醫生，婚姻很美滿，喔！我也有兩個可愛的寶貝孫子了！」

邁克一聽，放心地說：「多娜真是個可人兒！」

多娜的媽媽似乎想起了什麼，連忙說：「對了，我差點忘了！多娜知道我會遇見你，她要我對你說，那次車禍是她一生中最難得的好事。」

「好事？」邁克想著這句話，臉上也慢慢地露出許久未見的笑容。

在你看來，生命中那些讓自己感到痛苦的事情，是難得的「經驗」，還是不幸的「遭遇」呢？

約瑟夫．艾迪曾說：「真正的幸運得走過苦痛、失去和失望，只要你能走出悲傷，自然能看見柳暗花明的桃花源。」

多娜選擇敞開心面對傷口，因而能展開陽光的笑容迎接新生活，遺忘昨天的意外和傷害。她不僅用「心」癒合了臉上的傷口，也因爲這個意外的轉折，讓她看見了夢想的未來。

幸與不幸之間，其實沒有那麼多大的差異或距離，只要我們都能學會知足，心懷感恩，生活中便沒有不幸，即使遇見了各式艱難和困苦，你也能輕鬆走過，享受生命的快樂與美麗。

你一定行，只要你願意

我們的生活不該有任何絕望的念頭，因為只要我們願意，給自己一份信心，我們都會是創造奇蹟的好手。

你對生活感到絕望嗎？你認爲外在條件阻礙了你的未來嗎？

當時間一點一滴消耗在絕望和埋怨聲中，有沒有人認眞地仔細想想：「我要怎麼跨出下一步，要怎麼重新開始？」

酷愛足球的布里恩．沃克，罹患了一種罕見的神經麻痺症，經過醫生一番治療，原本病情快好轉了，豈料又不幸引起了肺炎併發症。為了持續他的呼吸功能，醫生不得已只好裝了呼吸輔助器。

醫生對他的父母說：「我們已經盡力了，接下來全靠布里恩自己了！」

「我還站得起來嗎？」布里恩問父親。

父親堅定地回答說：「當然可以，只要你希望，你就能做到！」

布里恩努力地活動腳趾，但是五個小時過去了，腳趾卻怎麼也不聽使喚，他滿身大汗地哽咽著：「我不能動了，我不會好了，我要死了！」

這個小挫折把布里恩擊倒了，那天開始，布里恩便昏睡不醒，他不能也不想說話，即使醒了過來也不願意動，他已經完全失去鬥志和信心了。

這種自暴自棄的情況讓愛子心切的父親擔憂不已，後來他想到一件事：「也許傑姆·米勒能幫他！」

傑姆是一位足球明星，也是布里恩的偶像。

這天，除了沃克夫婦在二樓準備迎接傑姆之外，還有一群人聚在門口等待這位名人。

布里恩的父親來到兒子身邊，指著牆上的一件「歐爾密斯」運動衣，問道：「布里恩，你想不想見到這件運動衣的主人？」

「傑姆．米勒？」霎時，布里恩的臉亮了一下，但隨即懷疑：「他怎麼可能會出現呢？我不相信！」

忽然，有個人推開了門，布里恩吃驚地喊著：「傑姆．米勒！」

傑姆笑著說：「嗨！小伙子，你怎麼啦？」

傑姆打完招呼，便走到布里恩的身邊，並伸出手要和布里恩握手，只見布里恩吃力地伸了出手，緊緊地握著足球明星的手。

這也是他這幾個星期以來，第一次移動胳膊，第一次活動他的雙手，而這一握便是一個小時。

傑姆．米勒鼓勵布里恩：「你一定會好起來的，這場戰爭雖然很辛苦，但是你一定會成功的！你要像攻入球門那樣，努力達到目標，好嗎？等你好了，我們再一塊練球！」

最後這句話就像「特效藥」般，對布里恩非常有效，只見布里恩不斷喃喃自語：「和傑姆．米勒一起踢球？我要和傑姆．米勒一起踢球！」

傑姆又鼓勵他說：「千萬別放棄啊！我每星期都會儘量撥出時間來看你，直到你出院為止！」

布里恩吃力地點了點頭，說：「我會全力以赴。」

只見布里恩立即伸出左手，努力地活動著，他對自己說：「剛剛可以伸出手，我一定可以再做第二遍！」

然而，這一次，手卻不聽使喚，不願放棄的布里恩，一次又一次地試著，他不想放棄，只因「他要和傑姆一起踢球」！

「再試一次！」

這一次，一個手指出乎意料地顫動了：「我能動了！一個能動，其他的一定也行！」就這樣，他花了半天的時間讓右手的五根手指都「動了」。

第一天的成功，讓他第二天更有信心了：「我一定能好起來，連傑姆也相信我能，那我更要相信自己，我還要向他證明，只要我一直保持著戰鬥精神，就像踢球一樣，我就能走下病床。」

一個星期後，傑姆走進病房，就發現布里恩已經能坐起來了，而且還能大口大口地咬漢堡呢！

「你自己能吃東西了！」傑姆對他的進步感到驚訝。

布里恩笑著說：「是啊！我已經能自己呼吸囉！」

傑姆為布里恩感到開心，鼓勵著他：「太好了，小伙子，我就知道你行！將來你一定能成為優秀運動員，因為你有運動員的毅力和勇敢！」

自從「信心恢復」後，布里恩便利用一切機會鍛鍊自己，直到他能下床行動，可以不必扶著柱子練習走路，這一次也只用一個星期的時間完成。

當傑姆再次來訪時，他感動地看著瘦弱單薄的布里恩，心想：「如果換做是我，我能做到這一切嗎？」

忽然，布里恩用小跑步的姿勢，撲向傑姆。

傑姆不敢置信地抱著布里恩說：「你真的成功了！」

布里恩哽咽道：「是的，謝謝你！謝謝你來看我。」

傑姆搖了搖頭，謙虛地說：「孩子，這是你自己做到的！」

雖然傑姆這麼說，不過布里恩很清楚，如果沒有傑姆，他是不會成功的。

一個月後，布里恩出院了，雖然步伐還沒有很穩固，但是他仍然堅持要出院，因為他急切地想回到足球場上。

六月初，布里恩終於回到了足球場上，當他踢出第一球時，不禁高興地喊道：

「這一球，為了傑姆．米勒！」

聽見傑姆鼓勵布里恩「只要你願意，你一定行」時，你是否也感受到一股蓄勢待發的力量，像布里恩一樣，看見了希望，忘了前一秒的「絕望」？

默片時代的喜劇巨星卓別林曾說：「歷史上所有偉大的事，都是人們戰勝了不可能的事而來！」

相同的，我們也可以這麼說：「只要生命還在轉動，我們就還有機會！」

當大家都認爲「不可能」時，只要我們不放棄自己，不讓失望和絕望牽制住自己，就沒有人能否定你的價值，看衰你的未來。

我們的生活不該有任何絕望的念頭，更不該爲了眼前的不如意而灰心喪氣，就像重新振作的布里恩一樣，不再輕易放棄，因爲只要我們願意，給自己一份信心，我們都會是創造奇蹟的好手。

充滿自信，就能改寫生命

每個人都有缺點，要做的不是對自己的缺點視而不見，而是要想辦法讓缺點找到合適的出口，讓它們變身成對自己有利的優勢。

美國西部歌手金．奧特雷剛出道的時候，一直想改掉德州的鄉音，故意穿得像都會紳士，唱流行歌曲，結果卻遭到觀衆的嘲笑。

經過這次挫折，他徹底改變，開始用德州腔唱自己最拿手的西部歌曲，終於開創輝煌的演藝生涯，成爲世界知名的西部歌星。

這則軼事說明了，每個人都有有別於他人的特色，當我們看重這個特色，特色就成了優點；當我們厭惡這個特色，特色就變成了缺點。

一個人如果討厭自己，就會讓自己變得討人厭；一個人如果不覺得自己值得愛，就很難會有人愛。

莎士比亞曾經在著作中說過一段饒富深意的話：「假使我們將自己比做泥土，那就真要成為別人踐踏的東西。」

確實，人生最重要的一件事就是肯定自己、賞識自己，因爲，你認爲自己是什麼，最後你便會成爲什麼。感到自卑的時候，只要懂得轉換心情，就會讓自己充滿信心，許多看似困難重重的事情，也會因爲你的轉變而心想事成。

凱絲．戴利從小就很自卑，她有一張寬大的嘴和微暴的牙齒，始終讓她耿耿於懷，抬不起頭來見人。

其實，在凱絲的心裡一直有個夢想，希望有一天能成為一個出名的歌手。但是她不只沒有勇氣把這個夢想對別人提起，連自己也沒有信心能夠完成。畢竟，她只敢在沒有人的時候開口唱歌，根本不敢在大庭廣眾下演唱。

凱絲的沮喪不是沒有原由的，在每個人都得表演節目的高中畢業派對上，她曾鼓起勇氣地選擇唱歌這個項目，但結果相當悲慘，讓她從此信心全失。

那一天，她穿著母親給她的白色小禮服，撐著顫抖的雙腳走上舞台，音樂一響起就跟著開始演唱。可是，她實在太在意她的暴牙會被人看見，於是想盡辦法噘著嘴唱，結果，整首歌有好幾句都跟不上節拍，變得零零落落，音樂和她的歌聲各行其道，越緊張越忘詞的她最後完全唱不下去，只能紅著臉枯站在台上，承受眾人的哄堂大笑。

當時，她真恨不得能挖個地洞鑽進去，只能帶著沮喪和難堪逃下台。

後來，音樂老師史密斯夫人把她找了來，誠懇地對她說：「凱絲，其實妳的嗓子很好，應該可以唱得更好的，可是妳唱歌的時候總像是在掩飾著什麼，感覺扭扭捏捏，很放不開的樣子。」

凱絲猶豫了好一陣子，才羞紅了臉，把自己對於牙齒的想法向史密斯夫人說了出來。

史密斯夫人聽了，對她說：「這有什麼關係呢？暴牙並不是什麼罪過，它也是妳身體的一部分，為什麼要拚命掩飾？如果連妳自己都不喜歡自己，別人又如何喜歡妳？如果妳敢大聲開口唱歌，妳的歌聲一定會受許多人喜歡的，說不定妳這口牙齒還能給妳帶來好運氣！」

凱絲想了幾天，終於決定接受音樂老師的建議，先不去想自己的牙齒，只專注於唱歌這件事，漸漸地，她能真正盡情開懷歌唱。

凱絲的不斷努力，讓她得以開始歌唱事業，並且成為一位頂尖的歌手，她的大嘴和暴牙則成了她的個人特色，還有不少人想模仿她呢。

人必須對自己充滿信心，英國十九世紀知名的評論家湯瑪斯．卡萊爾曾經十分嚴厲地批判說：「相信自己正確的人，會強過國王的萬軍；懷疑自己的正確性之人，連一點力氣也沒有。」

我們爲什麼要成爲一個扯自己後腿的人？批評我們的人已經夠多了，爲什麼還不肯給自己一點鼓勵、一點機會？

故事中的凱絲如果不是自己想通，必然沒有機會成爲夢想中的歌手，也沒有機會讓她富有特色的歌喉成功展現在大眾面前，因爲她連開口唱歌都不敢，別人

又怎麼可能聽得到？

每個人都有缺點，要做的不是對自己的缺點視而不見，也不是任由缺點打擊我們的未來，而是要想辦法讓我們的缺點找到合適的出口，讓它們變身成對自己有利的優勢。

有自信就能創造奇蹟，爲什麼？答案很簡單，正是歌德所說：「有自信，別人也就相信你。」

想要得到成功，就必須相信自己絕對能夠成功。

先接受自己，別人才會接受你

生活上不會有無解的難題，端看你願不願意敞開心把問題解開，
你的「心」往哪個方向走，你的世界就會往那個方向去。

塞內卡曾經寫道：「生活最大的缺陷，在於它永遠不可能十全十美。」

如果我們徹底認清這個事實，誠實地面對自己，就能眞實地掌握自己的人生，不再活在陰霾之中。如果我們連自己都不能掌握了，別人又怎麼敢相信並肯定你呢？

人見人愛的小妮姬在七年級時，被診斷出白血球過多，接下來的日子，她幾

乎天天出入醫院，接受檢查與化學治療，雖然這些治療可以救命，但是她的頭髮卻因這些化療而掉光了。

妮姬開始戴假髮上課，雖然很不舒服，但是她還是戴了。然而，當她聽見其他孩子的嘲笑聲時，她才發現一切已經改變，她不再是大家的焦點，也不再是個人見人愛的主角。

升上八年級之後，她的假髮經常被頑皮的同學拉扯，而且好幾次都掉到地上。遇到這個情況，堅強的妮姬也只能停下腳步，抹去眼淚，然後生氣地戴好假髮，埋怨道：「為什麼沒有人願意幫我？」

這天，她回到家中告訴父親這個情況。父親說：「如果妳願意，不如回家休息一陣子吧！」

妮姬搖了搖頭，說道：「那有什麼不同？總有一天我還是得回到學校，不是嗎？其實，有沒有頭髮我一點也不在意，但是我不能沒有朋友，為什麼沒有人肯幫我呢？難道他們不知道我很需要朋友嗎？如果要我選擇，我寧願失去生命，失去頭髮，但是我不要失去朋友。」

第二天，她依然戴上了假髮，還把自己打扮得很漂亮。

堅強的妮姬對父母說：「我今天要做一些事，還要發現一些新事物。」

妮姬的父母聽見她這麼說，完全不知道她的意思，擔心女兒會發生什麼意外，因此母親勸她說：「孩子，今天留在家裡休息好嗎？」

但是，妮姬搖了搖頭說：「不用了，我沒事的！」

拗不過妮姬的堅持，他們只好載著她到學校去，妮姬下車時，回頭看了看父母親，似乎有什麼事情需要幫忙。

媽媽關心地問：「孩子，怎麼了？忘記什麼東西了嗎？」

小妮姬搖搖頭說：「我今天要完成一件很重要的事！」

父母親覺得女兒不對勁，連忙問：「寶貝，妳怎麼了？」

妮姬含著淚，微微地笑著回答：「我要去找出我的好朋友，而且今天我就會知道，誰是我真正的朋友。」

接著，她拿下了假髮，並放在車位上，繼續說：「他們必須接受我原來的樣子，不是嗎？不然他們是不會接受我的，而且我已經沒有時間了，今天我就必須

把真正的朋友找出來。」

她跨出了堅毅的腳步，走了兩步後，又轉頭說：「為我祈禱吧！」

他們說：「會的，寶貝，這才是我的好孩子。」

沒想到，這天真的發生奇蹟了。當她經過運動場時，學校裡的譏笑不見了，更沒有人敢捉弄這個充滿勇氣的小女孩。

最出人意料的是，從這天起，妮姬的身體日漸康復，而且她還從高中一路成長到大學，後來，她也成為另一個勇敢小女孩的母親。

生活上不會有「無解」的難題，端看你願不願意敞開心把問題解開，你的「心」往哪個方向走，你的世界就會往那個方向去，所以，蘇格拉底才會說：「想左右世界之前，先要左右自己。」

當妮姬戴起假髮時，她心中的自卑感，就像許多人習慣用大聲說話來掩飾害怕一樣，不必明說便已顯明。

聰明的小妮姬雖然嘴裡說不在意自己頭髮掉光，但是看著被嘲笑的假髮，她心裡知道，如果自己都不能勇敢地面對別人，用眞面貌示人，同學們又怎麼可能會體諒她，接受她呢？於是，小妮姬勇敢地脫下了假面具，光著頭，面對眞正能接受她的人，其中也包括她自己。

相信有很多人會發現，原來自己也有著相同的情況，也有著相同的問題癥結，既然面對的問題相同，我們何不向小妮姬學習，用相同的解決方法，重新展開自己的生活呢？

只有鼓勵才能激發潛力

不要吝於給人鼓勵，只要你願意多花點時間和耐心等待，下一個成功的例子將從你的手中奇蹟孵化。

一遇到困難的事情就認爲自己「不行」的人，容易留給別人「缺乏自信」的印象，無形之中也是對自己進行負面的自我暗示。

如果你一味貶低自己，一味自怨自艾，那麼又怎麼能激發自己的潛力，又怎麼能期待別人肯定你呢？

每個人的內在蘊藏有多少潛能，連科學家也測量不出來，那我們又怎能輕易地放棄任自己呢？

從小就自卑感很重的克隆，在學校裡總是一副神情呆滯的模樣，然而沉默寡言的他，內心其實很希望有人能坐到他的身邊，拍拍他的肩膀說：「別害怕，我來幫你。」

因為，克隆罹患了「閱讀困難症」，只是當時沒人知道這種疾病，每當克隆無法像正常人一樣，把文字符號井然有序地排列時，師長們便責怪他：「真是個不用功的孩子！」

克隆曾經被老師以相當嚴厲的方式教導，當時老師發了一把直尺給其他學生，只要克隆不肯唸書寫字，同學們就要用直尺打他的腳。

上了中學後，克隆的情況改變了一些，因為他在籃球場上找到了他的表現空間，但是在閱讀能力上，卻一點也沒有起色。

從高中到大學，克隆都以傑出的體育表現上來彌補他的閱讀能力，也很幸運地熬過一關又一關。

但是，畢業之後呢？克隆考慮了很久，最後決定要投身教職工作，一九六一

年他在一所小學開始任教。每天，他讓學生們輪流上台朗誦課文，考試時則是用別人設計好的標準測驗紙，答案也是使用有洞的卡紙。

生活有點迷失的克隆，根本不知道自己在做什麼，每當周末來臨，他總是心情沉重，因為他覺得自己愧對學生。

直到他結婚的前一晚，克隆才坦白地對他的妻子凱西說：「有件事我得告訴妳，我是個不識字的傢伙。」

凱西以為老公在開玩笑，心想：「他怎麼可能不識字？也許他覺得自己的英文程度太差才這麼說的吧！」

凱西並不在意老公的告白，直到女兒出生之後，她才證實老公真的不識字，為了幫助克隆，凱西很想教他識字，但是克隆說什麼也不肯學，因為，他認為：「我一輩子也學不會，別浪費時間了。」

不久，克隆辭去了教職工作，轉而投入商場，沒想到卻讓他遇上了經濟不景氣。

眼看著合夥人紛紛退股，債權人威脅要對他提出訴訟，面對堆積如山的複雜文件，克隆很擔心有一天會被叫到證人席上，接受法官的嚴厲質問：「克隆，你不識字嗎？」

這天晚上天氣很涼，看著秋天的落葉翻飛飄墜，已經四十八歲的克隆望著女兒的臉龐，決定了兩件事，首先他要拿房子出去抵押，並重新開始，接著他要走進市立圖書館，並告訴成人教育班的負責人：「我要學識字。」

教育班安排了一位六十五歲的祖母當指導老師，這個非常有耐心的老師一個一個字地教導他。

十四個月後，公司的營運狀況開始好轉，他的識字能力也進步不少，信心重建的克隆，展開了嶄新的生活，也積極地出現在各種公開場合，與人分享他曾是個文盲的心路歷程。

克隆說：「不識字是一種心靈上的殘障，而且指責這些人是件相當浪費時間的事，為什麼我們不用更積極的態度，教導有閱讀障礙的朋友呢？」

成立閱讀障礙讀書會後，克隆每天都會閱讀書本和雜誌，甚至看見路標他也要大聲朗讀，他覺得讀書的聲音比歌聲更美妙，而他的妻子每天也非常配合地，

仔細聆聽他的「朗讀」。

有一天，他突然衝進了儲存室，拿出一個沾滿灰塵的盒子。

原來，這裡面有一疊用絲帶綁著的信箋，雖然已經錯過了二十五年，但是他終於看懂了妻子寫的情書！

很浪漫的結尾，但是，過程的描述卻很眞實、很殘酷。克隆的「閱讀困難症」，其實就像「學習遲緩」的孩子一樣，理解力差的他們，總是被視爲「阻礙」教學進度的壞學生，只要用力鞭策後仍不見好轉，他們很快地便被師長們放棄，甚至是「遺棄」。

這些案例其實經常發生在你我身邊，或許我們也曾經是「否定他們」的幫凶之一。在這個強調「分數」與「速度」的教育環境中，也許我們應該重新審視自己的教育方式。

從克隆的故事中，我們再次發現，責罰只會讓孩子們產生更大的自卑感，所以，別再用焦躁的眼神催促孩子，因爲那不僅不會刺激他們的學習潛能，反而會讓他們退縮、畏懼。

學習本來就需要時間，不管是小孩還是大人，都需要花時間慢步累積，更需要別人的鼓勵來增強信心，不是嗎？

不要吝於給人鼓勵，只要你願意多花點時間和耐心等待，下一個成功的例子將從你的手中奇蹟孵化。

每件事都要盡力而為

只要你盡力了，問心無愧的踏實感就是你成功的獎賞，你不必頂著皇冠，也自能散發出成功的光芒。

德國作家歌德曾經這麼寫道：「人生最大的快樂，並不在於最後佔有什麼，而在於追求的過程。」

確實，充滿意義的生活，就是能夠不在乎成敗得失，依照自己的意志，竭盡全力去做自己該做的事情。

遇上挫折和失敗，你會怎麼看待問題？是滿臉不悅地責怪拍檔不夠努力，還是埋怨時間不夠，靠山不夠有力呢？

把所有的「責怪」全擱置一邊吧！因爲，不管遭遇再大的挫敗，你首要反省的是：「我眞的盡力了嗎？」

為了參加難得的奧林匹克競賽，貝克大學畢業後，來到阿斯凡學校當體育教練，因為只有在這裡，他才能為一九七二年奧林匹克運動競賽選手，展開嚴格的訓練。

面對學生，貝克總是這麼說：「操場上沒有體育明星，你只需盡你最大的努力，去完成每一項工作。」

認真教學的貝克，深受孩子們的喜愛，因為他對待他們，就像對待自己的孩子一樣。然而，過完二十五歲生日不久之後，貝克卻發現自己在指導學生練習時，很容易感到疲勞。

有一天，在操場上他突然感到腹部劇烈絞痛，隨即被送到醫院診治，然而這一進院便是好幾個月。

因為，貝克罹患了癌症。

動了二次大手術之後，醫生告知貝克的家人，他只剩下六個月的生命。

面對如此嚴峻的現實，貝克一點也不願意放棄，他告訴自己：「不管還剩下多少時間，我都要把一切獻給那些孩子們。」

於是，貝克又動了一次大手術，經過一個夏天的治療後，他重回操場，並在已經排滿的課程表上，設計了一堂殘障兒童的體育課。

貝克說：「不管他們有什麼缺陷，也不能剝奪他們參與體育活動的權利，他們也許不能跑步或跳遠，但是他們會是最好的『教練計時員』，或是『犯規監督人』。」

有一天，貝克抱著一個鞋盒到訓練場上，他說：「這個盒子裡裝了兩個獎盃，一個是我要送給第一名的選手，另一個，我要送給雖敗猶榮的選手，因為他是盡自己最大努力、永不放棄的運動選手！」

病況再度惡化的貝克，並沒有因此而放棄孩子們，他每天都會出現在操場上為每一位選手打氣，對他們喊話：「無論如何，你們一定要盡最大的努力，要相信自己，你們一定行的！」

有一天，有位選手與沖沖地跑到升旗台上，對貝克喊道：「教練！我們被邀請參加全美運動會的決賽了！」

這個消息給了貝克極大的鼓舞，他高興地說：「我現在只有一個願望，希望身體能撐到決賽那天。」

能不能堅持那麼久呢？

似乎有點困難，消息發佈後的第三天，他才剛踏進校門就昏倒了，醫生檢查後發現，腫瘤破裂了。

然而，一度陷入休克昏迷狀態的貝克，醒來時卻吵著要立刻趕回學校，他說：「我一定要堅持到最後一天，我要讓孩子們對我的記憶，是筆挺地站在他們面前的模樣！」

每天依靠輸血與止痛針來維持生命的他，已經知道自己無法親自再到場上，給孩子們打氣了，因此，他每天晚上開始打電話給每一位運動員：「你們一定要盡最大的努力啊！我相信你們一定行的！」

比賽前的第二天晚上，貝克又昏迷了。

醒來時，似乎是迴光返照，大家看見他的精神飽滿地喊道：「把燈打開，我要在燈火輝煌中離開。」

天空終於破曉，貝克辛苦地坐了起來，並握著母親的手說：「對不起，為你們帶來這麼多麻煩！」

不久之後，貝克「睡著了」，不過，這一天距離醫生所預估的六個月還要晚，因為，貝克從死神那兒「盡力地爭取」到了十八個月，一如他堅持的生命態度：「用盡全力……」

兩天後，孩子們在聖路易斯贏得了決賽冠軍，他們說：「我們盡全力爭取到了，而這份榮耀也是貝克教練的！」

告示板上的「第一名」永遠只能填上一個名字，沒有人不想坐上這個寶座，然而，與其競逐隨時會失去的「第一寶座」，不如讓「第一」永遠坐鎮在自己心中，做一個沒有人能取代的「第一名」！

如何成為永遠的「第一名」呢？其實，方法很簡單，只要像貝克教練所說的：

「盡全力，就成了！」

我們只需要時時提醒自己：「我眞的盡力了嗎？如果盡力了，那麼我是不是可以問心無愧？」

當然！只要你盡力了，問心無愧的踏實感就是你成功的獎賞，因爲，那份滿足與充實的生活感動，是用再多的獎牌和獎金也無法換得的，還有，你不必頂著皇冠，也自能散發出成功的光芒。

做好口碑，為自己創造機會

這是一個「做口碑」的時代，沒有人能夠容忍馬虎輕率，也不會有人給你太多次機會。一次不成、不好，就可能沒有下一次了。

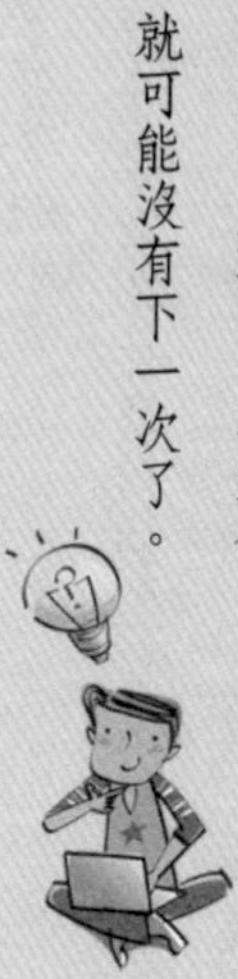

工作沒有貴賤，差別在於人本身看待工作的態度。再微不足道、再低下的工作，都必須用敬業的態度去做。

每一份工作完成後，都有人在看，都有人在檢核，都有人知道你是不是踏踏實實地把任務完成。只有做好「口碑」，你才能不斷創造機會。

演員艾丹．奎因參與過二十多部電影的演出，其中包括〈心靈的樂聲〉、〈邁克爾．柯林斯〉等片。

然而，奎因並不是一飛登天地獲得成功，事實上，他從很小的時候就已經在幫忙家計了。

十一歲時，他開始接替哥哥原本的工作，早起幫忙送報紙。

這份工作看來簡單，其實做起來並不輕鬆。每天天未亮就得起床，騎著自行車到報社拿報，而後依著自己負責的路線，沿路送報到每一戶訂報的人家。

準時是非常重要的，奎因深深明瞭這一點，報紙的訂戶會希望在清晨六點時，報紙就好好地躺在家門口。

奎因發現，如果他晚到了，他們就會站在門口等，臉上露出不耐煩的神情；相對的，如果他工作做得好，就可以得到一筆可觀的小費。

這段工作經歷，讓他養成了一個習慣，就是無論做什麼樣的工作，都會全心全力地投入其中，盡可能地達到每一項工作要求。不管是在食品工廠幫忙包裝，還是幫忙刷油漆，抑或是在屋頂上塗防水用的瀝青，他都一樣認真盡力地去做。

他深切地相信，只要努力工作，盡力讓自己表現出職業水準，就能從那份工作裡

獲得更多。

後來，他更將這份認知，應用在他的演藝工作之中。

他的工作是扮演各種角色，而他的目標則是演什麼一定要像什麼，只要做得到、做得好，就能因此再得到更多更好的角色演出機會。假使有一個場景需要他跳水，在導演要求之前，他一定會練習跳好幾次，直到自己能夠確定演好為止。如果導演覺得表現得不夠好，他也會一再配合、一再修正自己的演出，只到導演喊「OK」。

奎因的敬業精神是有目共睹的，他曾和劇組一起到巴西的叢林裡拍電影，一路上他都和其他的演員一起幫忙工作人員搬運沉重的拍攝器材上山，穿過崎嶇的山區，沒有一句怨言。

在奎因的信念裡，演戲和其他的工作並沒有什麼不同，當一個好的送報童需要做到認真、守時、盡心盡力等要求，這些訣竅對拍電影來說一樣有用。

這是一個「做口碑」的時代，沒有人能夠容忍馬虎輕率，也不會有人給你太多次機會。一次不成、不好，就可能沒有下一次了。

即使是一張蔥油餅、一盤紅豆冰、一碗蚵仔麵線，甚或是一支手機、一台電視、一本書，只要給人的觀感不好，覺得草率輕忽，日後勢必不會再來光顧。

不只是如此，產品的每一個環節，工作的每一道關卡，之後都會有人接手，都會有人知道你是不是確實完成應做到的部分。簡單地說，只要有一個人態度隨便，就是給所有的人惹麻煩。

奎因之所以受人敬重，正是在於他敬業的態度。這樣的態度，意謂著他將工作視爲很重要的一部分，他對他的使命極度重視。這樣的人必定會把交付的任務順利完成，而且做得完美。

這就是專業，這就是敬業，這就是盡責。這樣的人在告訴別人，他值得被信任，任務交給他就沒問題。一個人竭盡全力地完成自己的工作，就等於是爲自己的下一步舖路。

2.
PART

勇於面對，
才能解開心結

生活中沒有解決不了的問題，人與人之間也沒有必須的敵意與敵對，特別是面對自己身邊的人。

好運總有一天會出現

抗壓力越來越弱的現代人，你是否願意重新給自己一個機會，接受這些叮嚀和鼓勵，繼續堅持，不再輕易放棄呢？

挑戰，通常充滿了難以預料的變化和未知數，所以不是每個人都敢讓自己處於隨時面臨挑戰的環境。但是，大多數人都忘了，其實真正的成功，卻總是存在於這些變化和未知裡。

想要迎接挑戰、克服困難，首先就得要不在乎別人的懷疑和嘲笑，並且相信自己所做的是最好的選擇。

人生隨時都會有新的開始，每一個新開始也都像嬰孩學步一樣，第一步都會跌倒，即使順利地走了兩步路，也還是會有跌倒的時候。

但是，如果跌倒後就不願再站起來，繼續試著邁出自己的步伐，我們現在又怎能「健步如飛」？

每當皮爾失意時，母親都會對他說：「不要為了眼前的不如意沮喪，只要你能堅持下去，好運總有一天會出現，而且你也將發現，如果沒有這些失望的經驗，你永遠也不會知道什麼是好運，不是嗎？」

母親的這番話，直到大學畢業後，他才有切身體驗。

當時，他決定到電台找份工作，希望能成為一名專業的體育播音員。畢業典禮後的第二天，皮爾就走遍芝加哥的每一間電台的大門，但是一天下來，他碰了一鼻子的灰。

到了傍晚，他走進了一間播音室，裡面有位和氣的女士告訴他：「你的資歷太淺了，大電台是不會僱用新手的，我想，你不妨多找幾家小電台，機會或許比較多一些。」

皮爾說了聲謝謝，便搭便車回到了迪克遜，這裡雖然沒有電台，但是皮爾的父親告訴他：「蒙哥馬利．沃德公司在這裡開了一家商店，正需要一名當地的運動員去經營他的體育專櫃。」

於是，皮爾以大學時的橄欖球隊經驗，希望能應徵進入這間體育用品公司工作。但是，幸運之神似乎仍未出現，他再次失敗了。

看到情緒低落的皮爾，滿臉失望的神情，母親再次鼓勵兒子：「放心，只要繼續努力，機會一定會出現。」

於是，他又借了父親的車，來到七十英哩外的一家電台。

這家電台的節目部主任名叫彼特．麥克阿瑟，他親切地對皮爾說：「對不起，我們已經找到播音員了！」

皮爾一聽，不禁大失所望，嘆了口氣說：「不能在電台工作，我又怎能成為體育播報員呢？」

誰知，皮爾走來到電梯時，彼特．麥克阿瑟突然又走了過來，問他：「你剛才說，你曾經是橄欖球員嗎？」

皮爾點了點頭，接著彼特．麥克阿瑟讓皮爾站在一架麥克風前，請他憑想像，播報一場橄欖球賽。

皮爾想起了前年的秋天的一場比賽，他用最後二十秒的時間，以一個六十五碼的猛衝擊敗對手的精采戰況。

用親身經歷進行的試播自然精彩萬分，試播之後，皮爾馬上被告知：「星期六要轉播的那場比賽，就看你囉！」

在回家的路上，皮爾想起了母親的話：「堅持下去，好運一定會到來。」

事情的難易度，往往隨著我們面對的態度而改變。

態度正是改變不如意際遇的關鍵因素，遇到層出不窮的各種障礙，如果你不願意試著改變態度，不願意繼續努力，當然就無法心想事成。

有句西方諺語：「堅忍是成功的要素，只要你在門上敲得夠久夠大聲，一定能把人們喚醒。」

這個道理就像皮爾的母親經常對他說的：「只要你能夠堅持下去，好運總有一天會出現！」

抗壓力越來越弱的現代人，你是否願意重新給自己一個機會，接受這些叮嚀和鼓勵，繼續堅持，不再輕易放棄呢？

「跌倒了再站起來」，不是老生常談，而是連接我們成功目標的重要紅線，只要我們能不斷地再站起來，我們便一定能體會這個簡單的道理：「堅持下去，你就會遇見好運！」

掌控自己的命運，就不會厄運纏身

沒有人可以逼你放棄希望，即使狂風暴雨也不能吹熄你的夢想，
因為真正能掌控我們的人，只有我們自己。

如果，你的腦海中經常浮現不幸的念頭，那麼在你的現實生活中必定會是不幸的。

因爲，你的生活腳步會跟著心的方向前進，朝著「不幸」的方向走去，這不是什麼神奇巫術，而是心理學上常說的「自我暗示」。

博格在二十五歲，事業到達巔峰那年，正準備迎娶美嬌娘。

然而，就在這時，厄運找上了他。

那天，他和一位朋友開著車，要到未婚妻家談論婚禮的事，由於路途遙遠，博格開了八個小時之後，發覺自己精力似乎不太行了，於是，便請朋友來駕駛，豈料從此改寫博格的命運。

其實，開夜車實在是件很辛苦的事，除了視線不佳之外，體力也是一大考驗。一個半小時之後，朋友就因打瞌睡，伏在方向盤上睡著了，失去掌舵的方向盤，就這樣連人帶車朝山壁撞去，車子停下來時，博格已經不醒人事了。

當他醒來時，醫生宣佈他半身癱瘓，於是博格新的生活便在這種情況下，重新寫過。

醫生說，他再也不能開車了，生活上也得完全依靠他人，甚至還有人建議他，別再提結婚的事了。

博格心中非常害怕，害怕醫生的話將變成事實。博格躺在床上想：「我的希望和夢想還在嗎？我還能從頭開始嗎？」

博格閉上了雙眼，他害怕看見眼前的世界會是一片黑暗。

這時，母親來到他身邊說：「孩子，一切都會過去，然後你會發現，你的生活將比過去更精采。」

博格深深地思考母親的話，忽然感覺到希望和熱誠的光芒正環抱著他，因此下定決心：「我不能就這麼放棄！」

從那天起，博格努力地做復健，慢慢地他可以走動了，也可以開車了。

一年後，博格沒有像醫生所預期地癱瘓在床上，他完全靠自己的力量打理生活，絕不假手於他人，不久美嬌娘也娶進門了。

博格現在擁有一家公司，也是一名專業的評論家，還寫了一本《奇蹟如此發生》的暢銷書。

爲什麼博格能完成種種不可思議的奇蹟？

因爲，他只記得母親的鼓勵話語，並拒絕了醫生和其他人的喪氣話。

如果博格當初選擇了醫生和朋友們的喪氣話，拒絕了母親的鼓勵，相信博格眞的要一輩子躺在床上，靠別人生活了。

還好，博格並沒有那樣選擇，他聽信了母親的話，也選擇了自己想要的夢想人生，積極地改寫自己的命運，不讓厄運纏身，因爲他清楚地知道：「未來就在我手中，我必須靠自己力量再站起來。」

看著博格的積極態度，還在埋怨天不從人願的你，何不讓夢想再次走進你的心田，讓陽光繼續照耀你的希望種籽呢？

沒有人可以逼你放棄希望，即使狂風暴雨也不能吹熄你的夢想，因爲眞正能掌控我們的人，只有我們自己，只要我們不放棄，就沒有人能帶走我們的希望，也沒有人能奪走屬於我們的機會！

勇於面對，才能解開心結

生活中沒有解決不了的問題，人與人之間也沒有必須的敵意與敵對，特別是面對自己身邊的人。

人與人之間哪來的那麼多仇恨？

沒有相識一場，又怎麼會與人結怨？既然人與人都是從「相識相知」開始的，就算後來情誼無法再回到最初相識之時，只要你願意，彼此之間至少也能來個「好聚好散」。

迪克森的祖母在年輕時曾有個宿敵，她是威爾斯太太。

兩個女人之間的敵對是怎麼開始的，大家都已經忘了，不過小迪克森卻清楚記得，小時候經常目睹的「戰鬥」過程。

像是威爾斯太太幫助侄女當選圖書館管理員，導致迪克森的姑姑落選後，迪克森的祖母便停止借閱圖書館的圖書。

還有一次，迪克森和幾個朋友們把一隻蛇放進威爾斯家的水桶中，祖母看見時只是象徵性地反對一下，卻不阻止孩子們的行動，任由他們惡作劇，甚至在她的臉上還出現了高興的神情。

其實，迪克森這麼做，威爾斯太太的孫子們當然也會如法炮製，他們就曾經在天氣晴朗的時候，趁迪克森家晾完衣服後，把全部床單和衣物弄髒，讓迪克森的媽媽重新洗過。

迪克森不禁回想：「當時，我經常想，面對威爾斯家這些騷擾和敵意，祖母怎樣忍受得住？」

後來他才知道，祖母在《波士頓報》上的一個家庭版，結識了一位化名為海歐的筆友，她倆保持了二十五年的通信聯繫，迪克森的祖母把這位筆友視為親姐妹一樣，不管心中有什麼話，都告訴了海歐，而海歐也會回信安慰她，並教導她

如何把心放開。

在迪克森十六歲那年，威爾斯太太不幸病逝，依當地風俗，住在同一個小鎮上的居民，不管對這位隔壁鄰居有多憎惡，面對死亡，大家還是會自發地幫助死者家屬，這其中當然也包括迪克森的祖母。

這天，祖母穿了一件乾淨的圍裙出現在威爾斯家，表明她想要幫忙的誠意，於是威爾斯家的女兒便請她幫忙打掃前廳，以備葬禮時使用。

就在此時，迪克森太太發現桌子上有一本剪貼簿，而在剪貼簿裡，她看見了她寫給「海歐」的信和「海歐」準備寫給她的回信。

忽然間，迪克森的祖母放聲大哭，她這時才知道，生活中的死對頭居然是她最重要的心靈之友！

那是迪克森唯一一次看到祖母放聲大哭，後來他才明白奶奶的「哭泣」：「她哭泣是因為，友好的時光再也補不回來了。」

我們經常笑說夫妻關係是「冤家聚首」，總是要吵鬧過後才能讓感情更進一步，其實一般情誼又未嘗不是如此？

事實上，我們也時常見到兄弟姊妹之間，或親朋好友之間，大吵一架之後，終於誤會冰釋，感情也比從前更好。

是冤家還是朋友，其實就看我們怎麼去看待，怎麼去溝通。沒有人能眞正地如膠似漆，即使是恩愛夫妻也會有小爭執，只是在爭執發生的時候，他們不冷戰，不逃避，而是選擇面對和溝通。通常，只要放下手上的雜事，找出解決問題的方法，就能打開兩個人心中的結。

那麼，我們之間的友情是不是也應該如此？

看著迪克森老奶奶的遺憾，在你心中是否也有著同樣的擔憂，擔心有一天也會發生相同的「遺憾」呢？

假使不希望人生有任何遺憾，那麼就快點敞開心溝通吧！

生活中沒有解決不了的問題，人與人之間也沒有必須的敵意與敵對，特別是面對自己身邊的人，因爲，即使彼此是「冤家相聚」，也要兩人結緣了千百年，才能在人世再次相逢啊！

實踐，就能達成志願

別再讓自己，純羨慕，別人成功實現夢想，人類都已經準備在火星上尋找新的桃花源地了，我們還有什麼夢想不能實現呢？

你還記得小時候寫下的第一志願嗎？如今，你是否實現了當初的夢想？

或許有人早已放棄，或許有人正在努力實現，然而不管有沒有實現，當你完成「夢想」的藍圖之後，必須清楚地知道一件事：「關於夢想，沒有人能逼我們放棄，也沒有人能阻礙我們實現的決心，因爲，能不能實現和外在環境無關，全看我們自己！」

當你在規劃人生的藍圖時，不要在意別人脫口而出的批評，因爲，這些輕蔑和刻薄的話語，通常是毫無根據的。

只要掌握自己的人生方向，明確定出自己的奮鬥目標，就沒有什麼難堪的話語會讓你將時間浪費在鬱卒上。

蒙提有座非常大的牧場，經常借給朋友們舉辦募款活動。

今天，牧場又有一場活動要舉辦了，這次主辦的友人力邀蒙提前來致詞，蒙提也開心地答應了。

當蒙提站到講台上時，清了清嗓子，接著說：「今天我讓傑克借用這個牧場是有原因的，這和一個小男孩有關。」

蒙提擔心自己會說得太久，便看了看主辦人傑克，只見傑克站起來說：「我們就來聽聽牧場主人的故事吧！」

一陣掌聲響起，大家熱情地等待聆聽蒙提的故事。

蒙提說：「那個男孩的父親是位馬術師，從小他便跟著父親東奔西跑，一會兒在馬廄餵養馬兒，一會兒在牧場訓練馬匹。由於過著四處奔波的生活，男孩的求學過程並不是很順利。初中時，有位老師要全班同學寫一篇文章，題目是《我的志願》。」

蒙提停了下來，喝了口水，繼續說：「那天晚上，小男孩洋洋灑灑地寫了七張紙，仔細地描述著偉大的夢想，他想要建造一座屬於自己的牧馬場，他還認真地畫了一張二百畝的農場設計圖，上面標示著馬廄、跑道……等等，最後，他還在這一片農場的中央，設計一棟四千平方英尺的大宅院。他花了一整個晚上才完成這篇『作文』，第二天開開心心地交給老師。然而，兩天之後，當他拿到作文時，看見第一頁被打了一個大F，旁邊還寫了一行字：『下課後來找老師。』當時，滿腦子相信夢想可以實現的小男孩，困惑地帶著作文本去找老師。」

蒙提看著一對對專注的眼神，忍不住停了一下，並製造一下氣氛。

蒙提問：「你們一定也很好奇吧！」

台下的聽眾很有默契地點了點頭，蒙提笑著說：「是啊，小男孩也不懂，所以他進辦公室便問老師：『這樣為什麼會不及格？』老師回答：『你年紀這麼輕，就老是做白日夢，這怎麼行？你想一想，你家裡沒錢，又沒家庭背景，幾乎什麼好條件都沒有，怎麼可能蓋一座那麼大的農場？你知道那要花多少錢買地、買馬嗎？別好高騖遠啊，孩子！』老師接著說：『如果你肯重寫過，寫一個別太離譜的志向，我會重新再幫你打分數。』小男孩回家後，反覆地想了好久，最後他忍不住向父親說出心中的疑問，他的父親只對他說：『孩子，這是一個非常重要的決定，你必須自己拿定主意。』於是，小男孩再三考慮之後，他決定要原稿交回，而且一個字也不改，交稿時他說：『即使是零分，我也不會放棄自己的夢想！』」

說完，蒙提便拿出一份稿子，對聽眾們說：「這就是初中時那份的作文，至今我仍然好好地保存著，而各位現在就坐在稿子中的二百畝農場上，那個四千平方英呎面積的華宅裡。」

蒙提看了台下的人，微笑著說：「去年夏天，故事中的老師帶了三十位學生來我的農場露營，離開前他說：『蒙提，我實在有些慚愧，初中時我曾經潑過你冷水，還好你有這份毅力，堅持實現自己的夢想，否則我便成了抹煞夢想的殺手，從今天起，我會給孩子更寬廣的視野與更熱情的支持。』我相信，未來將有更多的夢想農場出現，你們說是不是呢？」

看到蒙提實現夢想，你心中的夢想翅膀是否也蠢蠢欲動？

每個人的心中都有一座夢想花園，然而這片花園能否結出美麗的花朵和累累的果實，有沒有辦法從腦海中的虛擬幻境，變成眞實存在的場景，端看造夢者如何去追夢了。

想實現夢想的人，很少會被外在環境所侷限，當然也不會被年齡囿限，因爲對他們來說，人生不該有任何遺漏與遺憾，只要夢想的藍圖已經完成，他們就不會再等待，只要方向清楚了，心中的理想國度其實也已建設完成，一切只等著造夢者邁出步伐，走向夢想的國度。

你的夢想呢？是否也因爲別人的一句「妄想」，而封鎖在抽屜裡？

別再讓自己純羨慕別人成功實現夢想，人類都已經準備在火星上尋找新的桃花源地了，我們還有什麼夢想不能實現呢？

不如意，就要適時鼓勵自己

我們何不多給人們一些鼓勵，讓他們有更積極的生活情緒，快樂地享受人生呢？同時也給自己多一點積極的力量吧！

作家哈伯特曾經如此寫道：「那些習慣為了小事而自尋煩惱的人，永遠不愁自己會找不著煩惱。」

確實，我們經常看到愚蠢的人，總會因爲別人冷淡或否定的話語而患得患失，最後讓自己爲了這些小事鬱悶。

沒有人喜歡聽見否定的聲音，也沒有人應該被「否定」打倒，只要你很清楚自己的實力與需要，你就能給自己多一些「希望」，多一些積極的力量。

一如往常地，阿里又準備出去慢跑了，對他來說，早上能抽出時間跑步，是件非常重要的事。

但是，今天出門前母親卻對他說：「我認為跑步對身體沒什麼好處，聽說那個著名的長跑健將已經死了。」

阿里原本想反駁母親的看法，不過轉念間，他想：「算了，她不明白我的情況，何必和她爭辯呢？」

但是，當阿里開始小跑步時，他卻發現，母親的那番話居然不知不覺地影響了他。阿里想：「我可能會在路上像父親一樣心臟病發，當初他也是毫無預警地走了，而且每個人都認為他比我健康、強壯啊！」

當小跑步變成了走路，阿里的心情被母親的否定話語擊倒了，已經是年近半百的阿里，其實很清楚自己的需要，他仍然很希望能聽見母親的一句鼓勵，即使只是一句簡單的「跑得不錯」也好。

當阿里準備轉身回家家時，又看見那位每天早上都會遇見的華裔老先生。

阿里每天早上遇見他時，都會精神抖擻地朝著他喊：「早上好！」而這位老先生也會微笑地點了點頭。

今天，老先生再次出現在阿里的前面，還站在阿里回去的跑道上，這讓阿里不得不停下來。阿里有點生氣，因為母親的否定，破壞了今天晨跑的情緒，現在又遇見這個人擋住了自己的路。

忽然，老先生指著他的T恤，這是朋友在中國春節時送給他的，正面有三個漢字，背面則是中國城風景。

只見老先生用彆腳的英語，指著T恤上的漢字興奮地說：「你會說嗎？」

阿里搖了搖頭，並解釋那件T恤是朋友送的禮物，不過，英文程度不好的老先生似乎沒有全部聽懂。

但他卻很開心地對阿里說：「我每次遇見你，都覺得你很棒、很快樂。」

阿里一聽，心中似乎又喚起了希望，雙腳也突然間有種無法解釋的力量，他轉過身，又繼續跑了六英哩多。

抬頭看著早晨的天空，阿里的心中泛起了一陣激動，雀躍地想著：「我真的

很滿足，很快樂，很棒！」

就這樣，阿里繼續他的慢跑之路，也參加了不少馬拉松大賽，雖然他沒有拿到任何獎盃，但是在他心裡永遠有一個支持的力量，就是那位老先生的話：「你的確很棒，很快樂。」

勞埃爾．皮科克曾說：「如果一個人經常進行積極思維，具有積極心態，喜歡接受挑戰並應付各種麻煩事，成功便已經開始。」

確實，心態消極的人很難成就大事，想開創璀璨的未來，你必須改變自己應對事物的態度，用積極樂觀的心態迎向各種挑戰。

看到阿里因爲母親的話而沮喪時，一定有很多人很想給他一個肯定，鼓勵他繼續前進。

之所以如此，是因爲我們都希望被肯定，更期待人們的讚美和鼓勵，只要能得到一點點支持的力量，我們的生活就會充滿快樂和希望。

相同的道理，遇到別人不如意的時候，我們何不多給人們一些鼓勵，讓他們有更積極的生活情緒，快樂地享受人生呢？

別爲小事情影響心情，同時也給自己多一點積極的力量吧！

無論如何，你的雙腳就在你的身上，未來的路不管是用跑的還是用跳的，決定權都在你的手中。

如果你無緣遇見肯定你的「華裔老先生」，那麼，能夠給你積極生命力量的，只有你自己了，要不斷地鼓勵自己：「你的確很棒，很快樂。」

因爲，這個支持力量會轉化爲你的內在動力，成爲積極地肯定自己，並且不斷超越自己的無限能量。

互相尊重是維護自尊的最好方法

每個人都需要被尊重，包括還不懂事的小朋友，每個人都需要自尊，包括還在學習成長的小朋友。

有人很容易因爲人們的嘲笑而自卑退縮，甚至放棄自己。

但是，他們卻不知道，人們的嘲諷很多時候是出自無知，或是爲了掩飾自己的不足，只要我們多一點自信，往前大跨一步，自然能封住他們的口，並讓他們躲到無人看見的角落。

生長在三〇年代初期的保羅，家庭狀況和多數人一樣貧困。當時，孩子們通常早早就出去打工，幫忙維持家計，保羅在這個大家庭中年紀最小，所以他的衣服都是兄長們傳下來的，就像鞋子一樣，只要腳拇趾沒有曝露，不管鞋底磨損到什麼程度，孩子們就得繼續傳承，直到破得無法縫補為止。

感恩節的前一天，保羅家收到了一箱外出工作的姐姐寄來的東西，心急的保羅連忙打開箱子，卻只看見一雙姐姐的鞋子，靜靜地躺在其中。這時，母親看了看保羅腳上的破鞋，便拿出這雙鞋遞給他。

但是，保羅說什麼也不肯接手，他哭著連連搖頭：「那是女生的鞋子，我才不要穿。」

家人們心疼地看著保羅，母親對著保羅說：「孩子，媽咪對不起你，但是我們真的沒有別的鞋了，冬天快到了，如果你不穿上它，腳趾頭會凍傷的。」父親也走過來，拍了拍保羅的頭，但是什麼話也沒說，而最疼愛保羅的哥哥也摸了摸弟弟的頭說：「放心，一切會好起來的。」

保羅脫下腳上的舊鞋，雙腳輕輕地放入了這雙褐色、尖頭的新二手鞋中，他站起來，發現跟部高了點，但是穿起來還挺舒服的。

第二天，保羅有點勉強地穿著「新鞋」上學去，當他到達學校時，奧圖爾正巧站在那裡，他是保羅的「敵人」。

忽然，奧圖爾大喊一聲：「你們看，保羅穿女鞋耶！」

保羅羞愧得想往教室的方向奔去，然而奧圖爾卻一把捉住了他，並吆喝大家來圍觀。這時，校長突然出現，大喊了一聲：「快進教室！」

保羅趁機擺脫了奧圖爾，跑進了教室，但是，奧圖爾卻沒有就此罷手，每節下課時間，都會走到保羅的身邊嘲笑他。

中午前，校長又走進來訓話了。他邊走邊說，突然，他停在保羅的身邊，不再說話。保羅抬起頭看著他，沒想到校長正盯著姐姐的鞋，保羅滿臉漲紅地把腳縮了進去。

然而，就在保羅縮腳時，校長卻說：「那是牛仔鞋！」

保羅不解地看著校長，只見校長又說了一遍：「我在西部住過，這是牛仔鞋沒錯，孩子，你怎麼得到這雙牛仔鞋的？」

孩子們聽見是傳聞中的西部牛仔鞋，個個都擠到保羅的身邊，好奇地想看看什麼是「牛仔鞋」？不一會兒，教室裡充滿了驚嘆聲：「哇！保羅居然有一雙真正的牛仔鞋耶！」

從羞愧到驕傲，保羅的臉上的笑容頓時展開。

只見校長笑著說：「這是我見過最漂亮的牛仔鞋，保羅，如果你願意的話，讓同伴們好好地見識一下這雙牛仔鞋吧！」

保羅點點頭，孩子們立即排成一列，等待著試穿「牛仔鞋」，其中也包括曾經嘲笑過這雙鞋的奧圖爾。接下來，每當有人又想試穿的時候，保羅總是得意地說：「我得考慮一下。」

看著保羅由原先的「畏縮」轉變爲後來的「驕傲」，我們也看見了「尊重」與「自尊」的重要性。

其實校長很清楚，只要給保羅腳上的那雙鞋子一個新身份，這個孩子便能換回尊重與自信，那麼讓鞋子換一個不屬於它的新名字，又何妨呢？

在生活當中，你是否也曾經適時扮演過「奧圖爾」？是否也像保羅一樣，受

過相同的傷害？

每個人都需要被尊重，包括還不懂事的小朋友，每個人都需要自尊，包括還在學習成長的小朋友。沒有人不希望得到尊重，就像故事中的保羅與其他小朋友，我們可以相信，其實校長最希望看見的是，孩子們能夠自發地相互尊重，並付出友愛的關懷。

互相幫忙就能找到正確的方向

試著問問別人的意見或換個方向思考，你自然能解開心中的結，即使得一刀剪斷，重新開始，那也會是一個最好的開始。

迷失方向的人，最期待的就是有人能及時伸出援手，帶領自己走出迷宮，幫助自己找到正確的人生方向。然而，這樣幸運的經歷，並不易見，所以不妨主動開口請求支援，並換個方向看，這樣就看見生活的出口了。

適時尋求別人的幫忙，會讓我們更容易找到正確方向，相對的，如果每個人都能夠用愛心對待周圍的人，這個世界一定會變得更美好。

羅莎老夫人雖然雙眼失明，但是在生活上她堅持要靠自己，絕不依賴他人。每天黃昏時分，羅莎夫人都會獨自外出散步，她認為，這樣不僅能鍛鍊身體，還能呼吸到新鮮空氣，強健體魄。

沿著熟悉的途徑，她利用手杖觸摸四周的物體，讓自己熟悉這些事物的位置，她的辨識能力極強，從未迷路過。

但是，生活中難免會有一些改變和意外狀況，這天她再次出門散步，走到某條必經的小路時，手杖卻觸碰不到熟悉的松樹。

原來，人們已經砍倒了一排她散步時必經的松樹。失去觸碰式的「指標」，羅莎有點亂了方寸，她想：「怎麼不一樣了呢？這下子可麻煩了。」

她停下了腳步，呼叫著：「有沒有人啊？」

但是，停了幾分鐘，四下仍然安靜無聲，完全沒有人走動的聲音。於是，她又往前走了一兩公里，就在這個時候，她聽見腳底的水流聲。

羅莎驚叫了一聲：「啊！有水？」她再次停下了腳步，煩惱地猜想：「我恐怕迷路了！我現在一定站在橋面上，底下一定是穿越本郡的運河，這下可糟了，我從來沒來過這裡，要怎樣才能走回家呢？」

突然，在她身後傳來一個男子的問候聲：「太太，您需要幫忙嗎？」

羅莎一聽見身邊有人，立即鬆了一口氣說：「感謝您啊！好心的人，我傍晚散步時迷路了，因為在我熟悉的路上有一排樹不見了，害我找不到回家的路，還好遇見了您，要不然我真不知道要怎麼辦，可以請您帶我回家嗎？」

男子爽朗地回答：「沒問題，請問，您住哪兒？」

羅莎太太把地址告訴了他，也順利地回到了家。

好客的羅莎熱情地邀請恩人進屋，想以咖啡和糕點表示謝意。但是，這個男子卻說：「別謝我，因為該感謝的人是我。」

羅莎吃驚地問：「你？怎麼會是你呢？」

男子平靜地說：「其實在我遇您之前，我已經在那座橋上站了很久很久。我本來要跳河自殺的，但是，當我看見您需要幫助時，忽然又不想死了，因為我想到一些未完成的事，我不能就這樣放棄。」

羅莎聽了，開心地笑著說：「是嗎？那你也不必謝我，不如我們一起感謝上

帝的巧妙安排吧！」

兩個同時「迷失方向」的人，巧合地相遇，也巧合地幫助彼此找到了繼續前進的方向。曾失去方向的你，是不是很羨慕這樣的巧遇與醒悟呢？那麼要怎樣才能有這些巧遇和自救呢？

故事中藏了一個提醒：「自己的生活要靠自己爭取，即使能力不足，也別急著退縮，因為在每個人的身邊，都會有一個能與你相輔相成，願意伸手支援你的人，只要你願意開口、尋找。」

此刻的你，如果心中正纏了一個解不開的結，何不開口請身邊的人幫忙？

生活上沒有解決不了的問題，面對大大小小的煩惱，和不同難易程度的麻煩，即使被打了個死結，我們也千萬別糾結其中。

試著問問別人的意見或換個方向思考，你自然能解開心中的結，即使情非得已，必須一刀剪斷，重新開始，那也會是一個最好的開始，因爲在這個結上，你已找到了自己的方向。

懂得用錢藝術，就能累積財富

想累積財富，重點在於「用錢的藝術」，要懂得賺錢也要懂得花錢，才不再為錢發愁，得以享受人生。

曾認識個特別的女孩，在花樣年華的青春，大多數人都希望讓自己看起來更漂亮時，她卻不然。她可以在大賣場買一打款式相同的衣服過日子，自己準備便宜的菜到學校餐廳「配」免費的白飯和湯，只用路邊發的面紙……

她經濟困難嗎？不，她可是外科醫生的女兒，家裡的別墅佔地幾百坪。

她的日常花費如此節儉，可是她買書卻從不手軟，就算再貴的書籍，只要值得，絕對毫不猶豫買下來。

她知道自己需要的是什麼，「節儉」對像她這樣的人來說，反而成爲充實生

命的美德。

美國石油大王洛克菲勒，曾有過一段有趣的故事。

洛克菲勒剛開始步入商界之時，經營狀況舉步維艱，心裡很想發大財，卻一直苦無方法。

有一天晚上，他從報紙看到一則出售發財秘訣的新書廣告，整晚高興得睡不著覺，第二天一早就急急忙忙到書店買了一本。誰知，當他迫不及待把書打開一看，書中只印了兩個字——節儉，讓他感到既失望又憤怒。

洛克菲勒回家之後，思緒非常混亂，接連好幾天無法入眠，反覆思考這本「秘書」的「秘」在哪裡。起初，他認為這是書店和作者聯手欺騙讀者，哪有一本書只有那麼簡單二字，因此想控告他們不實的行為。

等到心情稍微平復後，他開始認真思考書中的道理，突然恍然大悟。確實，要致富發財，除了節儉以外，別無其他方法。

有了這個想法以後，他將每天應用的錢加以節省儲蓄，同時加倍努力工作，千方百計增加收入。

就這樣堅持了五年，他存下了八百美元。然後，他將這筆錢拿來經營煤油生意，終於成為美國首屈一指的大富豪。

美國克德石油公司老闆波爾・克德也是一位節儉出名的大富豪。有一天他去參觀狗展，在購票處看見一塊牌子寫著：「五點以後入場半價收費。」克德一看錶，已經是四點四十分，於是在入口處等了二十分鐘後，才購買半價票入場，只為了節省二十五美分。

克德每年收入超過一億美元，之所以會省下那二十五美分，完全是受節儉習慣和精神影響，這也是他成為富豪的原因之一。

看到有人抱怨有錢人一毛不拔之時，我們常常會開玩笑地安慰：「就是因爲小氣，人家才會有錢啊！」

世界上大多數富豪往往十分節儉。即使是美國連鎖商店的大富豪克里奇，擁

有好幾億的資產，商店遍及美國五十個州，但午餐向來都花費一美元左右。「節儉」不是壞事，也不是不懂得過生活，只要懂得將節省下來的錢財花在更值得的地方，那「節儉」才有意義。

一般人看待錢財，往往有一種矛盾的心態——錢佔生活中極重要的地位，出入都得用到它；錢又是身外之物，應該鄙視它。因此，造就歷史上許多的眞小人、僞君子爲「財」而身心煎熬。

只要「君子愛財，取之有道」，就算「愛財」，也無可厚非。畢竟，賺錢發財，是許多人迫切需要達成的目標。

想累積財富，重點在於「用錢的藝術」，要懂得賺錢也要懂得花錢，該用則用，當省則省，才不再爲錢發愁，得以享受人生。

3.
PART

發揮潛能
就能開創精采人生

不要隨便否定他人，也不要輕易地否定自己，只要不放棄，每個人都有機會發揮他最大的潛能，開創最精采的人生。

拿出決心和毅力，就會有好成績

一個有決心、有毅力的人，不會畏懼眼前的困局和種種不如意，他的眼睛裡只看得見目標和通往目標的道路，他會像火車頭一樣拚盡前力地向前奔馳。

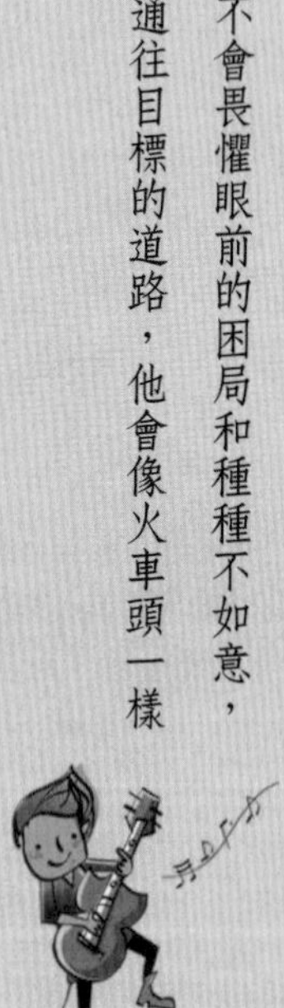

作家西里曾經寫道：「同樣一件事情，用不同的心情去面對，最後所得出來的結果，通常會大相逕庭。」

確實，心情是決定事情成功與否的重要關鍵，心境一旦改變，事情就會朝不一樣的面向發展。

眼前的困境並不可怕，可怕的是猶豫徬徨的心境。當一個人爲自己設定一個目標，指出一個人生衝刺的方向，一鼓作氣，鍥而不捨地向往前，前方的障礙物

多半會選擇自動讓路。

想要達到成功，就要讓旁人瞧清你的決心和毅力，證明自己是不可動搖的，唯有如此，別人才會反過來協助你。

查爾斯是世界知名的大力士，他曾經在螢光幕前表演徒手拉動一輛重達七十二噸的鋼車，令在場所有的觀眾嘖嘖稱奇。

體魄健美的查爾斯，被譽為「全球肌肉最健美的人」，還有媒體讚譽他具有「海克力士和阿波羅融合而成的真正古典體魄」。在法國的瑪恩河畔，甚至有以他為模特兒雕塑而成的古典塑像裝飾，可想而知他健美的身材，受到各界如何的重視。

查爾斯本名安古羅．西昔連諾，出身於紐約市布魯克林區的貧民窟，父母是來自義大利的移民。十六歲以前，他並沒有大力士的影子。相反的，根據形容，他是個「體重九十七磅（約莫四十四公斤），臉色蒼白、膽小如鼠的小個子，常常受人欺負」。

但是，一趟博物館之旅，卻改變了他的命運。

在一個星期六，安古羅和一群孩子在課程的要求下，一起去參觀布魯克林博物館。一行人隨著領隊來到神話人物塑像的展覽區，安古羅被這些精緻的雕塑像迷住了，其中阿波羅和海克力士的塑像，更是讓他看得目不轉睛。

根據領隊的解說，大家才知道，原來這些神像都是以希臘的運動健將為模特兒雕塑而成的。

結束參觀行程之後，安古羅迫不及待地將報上連載的一套體操圖解動作剪下來，貼在牆上。他決心以此來鍛鍊自己的體魄，期望有一天能和那些希臘的運動健兒一樣健美。

安古羅的決心果然面臨了種種嘲笑和羞辱，許多人笑他不自量力，有一次，他和一個街頭混混起爭執，結果慘敗，嘲笑的聲浪更是不絕於耳。

但是，安古羅並不就此放棄，他一次又一次苦練體操，後來還發展出一套獨特的健身術，局部鍛鍊身體的每一塊肌肉。總算皇天不負苦心人，安古羅身上的肌肉開始結實、有力，線條也變得更美。

他正式改名為查爾斯，一連參加好幾項健美比賽都屢獲佳績。

安古羅改變了自己的命運，從此，再沒有人敢嘲笑他是「弱雞」和「膽小鬼」，他以毅力和氣魄向世界證明了自己的價值。

英國詩人彌爾頓曾說：「心靈有它自己的地盤，在那裡可以把地獄變成天堂，也可以把天堂變成地獄。」

如果你用悲觀消極的心情面對問題，再如何簡單容易的事情，也會變得困難。如果懂得用積極樂觀的心情去面對問題，那麼，再如何複雜困難的事情也會心想事成。這個世界沒你想的那麼黑暗，很多事情也沒你想的那麼困難，只要你願意改變。

想要改變，就必須下定決心！法國作家大仲馬說得極好，他說：「當你拚命要完成一件事的時候，你就不再是旁人的敵手，或說得更正確些，旁人不再是你的敵手了。不論是誰，只要下了這種決心，將立刻覺得他的精力加強了十倍，眼界也擴大了。」

一個有決心、有毅力的人，不會畏懼眼前的困局和種種不如意，他的眼睛裡只看得見目標和通往目標的道路，他會像火車頭一樣拚盡前力地向前奔馳，任何阻礙在面前軌道上的障礙，都只能選擇退避。

只要有決心、有毅力，目標又明確，人生將無事不能成。

批評是最好的成長激素

因為有瑕疵，批評的聲音才會出現，找出缺點，一一修正，直到批評聲音減弱，你自然就會得到你想要的機會。

不要被自己的缺點蒙住了成長的眼睛，也不要用自以爲是的態度，堵住了別人批評的聲音。

批評是最好的成長激素，如果希望自己有所成長，那麼，我們就要有超大的肚量來容納人們的批評。

二次世界大戰爆發之前，羅納在維也納當一名律師，戰爭爆發後，他逃到了瑞典，為了維持生計，必須盡快在新地方找份工作。

自詡懂得六國語言的他，很希望能到進出口公司上班，但是事與願違，每間公司都回信告訴他：「戰亂時期，我們並不需要這方面的人才，不過我們會保留您的資料。」

有一天，四處碰壁的羅納又收到一家公司的回信，不同的是，信上卻毫不留情的這樣批評：「你根本不了解這方面的生意，而且我也不需要替我寫信的秘書，即使需要也不會請你，因為你的應徵信錯字連篇，瑞典文寫得那麼差，休想進入我的公司。」

羅納看完這封信時，被對方的批評氣得快瘋了，情緒高漲的他立即拿出紙筆，準備給對方一個還擊！

但是，就在他寫下第一個字時，卻猛然停了下來：「等等，或許他說的並沒有錯！雖然我修過瑞典文，可是這畢竟不是我最擅長的語言，也許真的犯了很多錯誤也說不定！如果是這樣的話，那麼我得再努力學習才行，看來，這個人其實幫了我一個大忙，雖然他說了這麼難聽的話，但是他確實提醒了我。那麼，我應

該感謝他才對啊！」

於是，羅納重新整理情緒，提筆寫下他的感激：「謝謝您不嫌麻煩地寫信提點我，特別是您在根本不需要秘書的情況下，還願意撥空回覆我。非常抱歉，我沒有多了解貴公司的需求就貿然寫信給您，還忽略了信中的錯誤，我真的深感慚愧。謝謝您的回覆與意見，我現在正準備再去學習瑞典文，好好地改正我的錯誤，再次感謝你的批評，讓我有機會修正錯誤。」

信寄出之後的第三天，羅納再次收到那位老闆的信，不過，這次他卻請羅納到他的公司看看。

羅納去了，而且還得到一份工作。

當你被面試官拒絕時，會表現出什麼反應？是怒氣沖沖地抱怨對方根本不懂得用人，還是謙卑地反省自己到底有哪裡不足？

其實，找工作一點也不難，眞正困難的地方是，我們連自己的缺點和能力在哪裡都不清楚，甚至曝露了缺點也不知道。

更糟糕的是，有人還不知道要修正、加強自己的不足，反而在屢屢被「退件」之後責怪別人不識人才。

別忘了，因爲有瑕疵，批評的聲音才會出現，當你又一次失敗的時候，別再抱怨老天爺沒有眷顧你，快學習羅納的自省態度，找出缺點，一一修正，直到批評聲音減弱，你自然就會得到你想要的機會。

互相肯定更能增強信心

試著用相互鼓勵的方式重建信心吧！因為，不管自信心多麼的強，所有人還是會期待，來自於「你的肯定」！

不管是學生，或是上班族，沒有人希望被鄙視，更沒有人會期待被責罰，因爲那些帶點情緒性的責罵，很容易讓人失去信心，失去原有的實力。

面對不如意的情勢，能夠克服自己的不滿和低落的情緒，不任意責怪別人，試著以鼓舞的方法解決難題的人，才是一個成熟的人。

海倫是一位六年級的導師，開學的第一天，她一踏進教室，便看見三年前教過的一位學生。

海倫看著他，笑著說：「馬克，又遇見你了。」

馬克也笑著說：「是的，老師，又要麻煩您糾正我了。」

海倫笑著點頭，這時她想起三年級時的馬克是個很淘氣的小男生，每當馬克犯錯，被老師處罰時，他總是這麼說：「老師，謝謝您糾正我。」

如今，海倫看見馬克似乎成長許多，不再那麼調皮，上課也專心許多。

有一天，馬克對她說：「老師，這學期的數學比較難，我必須很專心地聆聽，才能聽得懂，當然，還是要謝謝老師您的教導。」

海倫看著禮貌周到的馬克，忽然想起其他同學們，似乎也陷入數學概念的苦戰中，因為這門困難的課程，似乎使他們挫折感越來越大，彼此之間甚至產生抗拒和對立的狀況。

於是，她想起馬克的互動方式：「他們可以互相鼓勵、突破問題。」

上課鐘聲響了，海倫一走進教室，便要求學生拿出一張紙：「你們在這張紙上寫下其他同學的好處與優點，寫完後就可以下課休息。」

半節課過去了，同學們陸陸續續地交稿，只見馬克走了過來，當他把紙張交給海倫時說：「老師，謝謝您的教導，祝您周末愉快！」

海倫利用周末時間，將每位學生的名字和來自其他同學們的肯定，分別重新抄寫在同一張紙上，並加入了她的評語。

星期一，海倫把寫著「優點」的紙張發給每位學生，不久，台下開始出現騷動的聲音，海倫抬頭看了看大家的表情，隨即放心地微笑，因為她看見了大家都露出「共同的微笑」！

「真的嗎？」

「我從來都不知道他們這麼看我耶！」

「居然有人會這麼欣賞我！」

這些討論的聲音很小，但是孩子們的臉上全是無法隱藏的自信光芒。

海倫心裡想：「相信從今天開始，他們再也不會被數學困擾。」

用同儕的力量互相鼓勵，這不僅是最有效的方法，也是最好的方法，所以海倫老師能輕易地重建學生們的信心，喚起孩子們的學習興趣。

反觀我們的教育方式，仍然習慣用「比較」與「責罰」來刺激孩子，希望能「逼」出一個天才，然而眞的逼出來了嗎？還是逼出另一個問題學生呢？

再給彼此一次機會，試著用相互鼓勵的方式重建信心吧！因爲，不管自信心多麼的強，所有人還是會期待，來自於「你的肯定」！

不要用猜忌來保護自己

快樂的日子並不在於別人能給你什麼，而是你用什麼樣的態度，去看待你的生活，又用什麼樣的角度，去發現你的美麗人生。

有人說，懷疑、猜忌是爲了保護自己，因而每天繃緊了神經，擔心對方接下來的舉動，或猜測對手的攻擊計謀。

如果用這種態度生活，日子當然過得鬱悶，因爲，到頭來眞正受困於「生命牢籠」的人，只有我們自己。

托尼是美國某製造公司的人事主管，雖然他待人處事都很得體，也充分表現出他的樂觀與自信。

但事實上，在他的內心深處，卻經常出現一種不安的感覺。

在某次聚會裡，托尼對一位好朋友吐露這種情況：「我總覺得自己似乎失去了什麼，工作時，我和同事的互動其實並沒有你們想像中那麼好。因為，我總是不相信別人，即使和妻子在一起，我也經常會出現莫名的提防。如果，有人詢問我的私事，我更是閃爍其詞，唉！其實身為一個人事主管，我很需要同事的支持和信任，但是我發現，大多數同事都很提防我，甚至是躲避著我，也許他們這算是『回應』我平時對他們不信任且提防的態度吧！」

朋友笑著安慰道：「既然你那麼清楚自己是因為不善於控制情緒，而讓同事們對你敬而遠之。那麼，為何不改一改呢？」

托尼無奈地問：「但要怎麼改呢？」

見到托尼的情況與自己類似，另一位參加聚會的友人安娜忍不住訴苦說：「我也經常控制不了自己的情緒，常常脾氣一發不可收拾，儘管我試著改變自己，讓自己變得親切、愉快一點，只是不管怎麼克制，到最後我還是忍不住爆發出來。

這種行為，讓我的人際關係變得相當惡劣，即使在家中也是一樣，單親媽媽的身份，讓我無法妥善地安排時間給孩子，在同時失去孩子與同事們的信賴下，我真的很失落，好想放棄一切，但是若我真的放棄了，孩子怎麼辦？我有沒有機會再站起來？」

朋友看著他們，嘆了口氣說：「你們為什麼不能多信任別人，信任你的工作伙伴呢？你們的事業都非常成功，資歷也相當良好，凡事不妨換個角度想吧！尊重你的同事，也尊重你自己，別給自己那麼多壓力，如果你連自己的情緒都控制不好，又怎能快樂地生活呢？」

很多人糾著心，不管看見什麼人或遇見什麼事，都沒有一個順眼順心的，甚至面對這樣不愉快的生活，還不斷地責怪外面世界的醜惡。

然而，我們不妨仔細想想，一切眞有那麼醜惡嗎？非得用懷疑、猜忌的態度來防禦別人嗎？

有人說：「傷心時，即使吃蜜糖也會變得苦澀！」

相同的，一味用煩躁和狐疑的情緒看世界的人，就算窗外是藍天白雲，也要被他看成烏雲罩頂了。

好好地整理整理你的情緒，吐一口氣，用微笑面對你的生活與人生。因爲，快樂的日子並不在於別人能給你什麼，而是你用什麼樣的態度，去看待你的生活，又用什麼樣的角度，去發現你的美麗人生。

發揮潛能就能開創精采人生

不要隨便否定他人，也不要輕易地否定自己，只要不放棄，每個人都有機會發揮他最大的潛能，開創最精采的人生。

最先提出「自卑感」一詞的奧地利心理學家阿德勒，在《超越自卑》一書中曾經指出：「我們在日常生活中所發生的一切衝突與糾紛，大都起因於那些讓人覺得討厭的聲音、語調，以及那些不良的談吐習慣。」

所謂不良的談吐習慣，就是以嘲諷、輕蔑或嚴峻的態度否定別人。

每一個人都是獨一無二的，每一個人都有他獨特的長才，許多還找不到人生方向的人，需要的是我們的鼓勵和肯定！

珍妮絲正準備把新的講義發給學生們，這時有個男同學不悅地說：「女士，別浪費妳的時間了，我們都是白癡！」

然後，他便揚長而去，第一天教學的珍妮絲聽到學生這麼說，所受的打擊很深，她跌坐在椅子上，並懷疑自己是否適合當老師。

這時，另一位同事說：「我以前也帶過這個班，實在是很糟糕的一群！」

珍妮絲難過地看著同事：「我不知道該怎麼辦！」

這位同事回答說：「別擔心，我在暑期班曾教過他們，他們大部分都無法畢業，妳不必在那些孩子身上浪費時間。」

珍妮絲不解地問：「為什麼這樣說？」

同事說：「這些孩子都是貧民區一些臨時工或小偷的孩子，他們高興來時才會來，根本不想唸書，妳只需要讓他們保持安靜就夠了，如果他們再惹麻煩，就把他們送到我這裡來。」

珍妮絲聽完後，心中一陣難過，回家途中，那位男同學所說的「我們是白癡」，不斷地出現在她的腦海：「白癡？不是的，我一定可以幫助他們！」

第二天，珍妮絲一進教室便在黑板上，寫下「ECINAJ」幾個字。

珍妮絲笑著問：「這是我的名字，有誰可以告訴我，這是什麼意思呢？」

當孩子們嘲笑著這個怪裡怪氣的名字時，珍妮絲又轉身，在黑板上寫下「JAN-ICE」，這次學生們很正確地唸出了這個字。

「是的，你們說對了。」珍妮絲說。

「其實，我以前有學習上的障礙，醫生說那是『難語症』。我開始上學時，完全沒法子正確拼出我的名字，而我也被人們貼上『白癡』的標籤。」

有人問：「那妳為什麼還能當老師？」

珍妮絲說：「因為我恨人家這麼叫我，我並不笨，而且我很喜歡讀書。如果你喜歡『白癡』這個名稱，那麼請你換個班級，因為在這間教室裡沒有白癡。因為，我不會對這個班級的學生放鬆要求，我會和你們一起加油，直到每一位同學都趕上進度為止。你們會畢業，也有人會考上大學。我不是在跟你們開玩笑，因為那是我的承諾。」

珍妮絲停了一下，又說：「從今天開始，我再也不要聽到『白癡』這兩個字。你們明白了嗎？」

從這天開始，這群被嘲笑為白癡的孩子們進步神速。兩年後，這個被視為「笨蛋」聚集的班級全都畢業了，其中有六位是準大學生。

沒有人一生下來就是天才，即使在課業方面表現不突出，也沒有人應該被放棄，因爲繼承生命的每一個人，都有一定的使命與才能，不僅我們不能加以否定，還要勉勵他們不能放棄自己。

所以，珍妮絲才要說：「如果你喜歡『白癡』這個名稱，那麼請你換個班級，因爲在這間教室裡沒有白癡。」

不妨仔細想想，當我們發現學習能力較差的人時，過去都是用什麼樣的眼光看待他們的？

不要隨便否定他人，也不要輕易地否定自己，只要不放棄，每個人都有機會發揮他最大的潛能，開創最精采的人生。

只要用心就一定能換得真心

別再用你的偏見，孤立自己的生活圈了。希望贏得別人的認同，想要與人建立良好的關係，那麼我們就要比別人更加主動。

人生的一切變化，都是相對的，也都是心靈作用的結果，只要願意用心，就能換得別人的眞心。

因此，不要再用大人的眼睛看孩子們的世界，孩子們有他們自己的遊戲規則，其實這些規則也曾經屬於我們，只是被我們遺忘了。

或許，成人比孩子們看得更加長遠、更加清楚，但大人們的世界也需要孩子們「簡單的雙眼」、「單純的心」，以及相信「我對你好，你也一定會對我好」

的真心！

有一天，小查德對媽媽說：「媽咪，耶誕節我們要交換卡片，但是我想為每一位同學親手做一張耶誕卡片。」

母親看著兒子，支持地點了點頭，然而在她心中卻想著：「難得孩子這麼用心，但是同學們似乎不太喜歡他。」

原來，查德的媽媽接送他上下學時早已發現，小查德似乎和其他孩子們沒有什麼融洽的互動，當其他同學三五成群地聚在一起玩耍說笑時，小查德的身邊卻連一個玩伴也沒有。

雖然，她心中預測兒子不會成功，但仍然支持兒子的這項計劃。母子倆便從購買卡紙、膠水和彩色筆等工具開始，花了將近三個星期的時間，小查德精心製作的三十五張賀卡終於完成了。

耶誕節的早晨，小查德興奮地把賀卡排列整齊，小心翼翼地放進書包中，開開心心地上學去了。

至於媽媽，她今天也決定要為兒子烤一些他最愛吃的小餅乾，讓他放學後能吃到熱烘烘的小餅乾與一杯熱牛奶，因為這些將減輕孩子的「失望」情緒。

當孩子們放學的聲音熱鬧起來時，她朝著窗外望去，看見孩子們正熱烈的迎接節日，而小查德，依然跟在大家的身後，不過今天的步伐似乎比平時快了些。當她注意到孩子的手上什麼也沒有時，禁不住濕了眼眶。

小查德跑了進來，她立即抑制住淚水，溫柔地說：「你看，媽媽為你準備了小甜餅和牛奶喔！」

但是，小查德似乎沒聽到她的話，反而直撲她的懷裡，嚷著：「一張都沒有，一張都沒有。」

媽媽以為小查德在抗議，正準備安慰他時，查德又嚷著：「媽媽，我的卡片被同學們拿光了，好開心喔！」

從小查德的身上，你是否也學會了簡單的眞心？

如果查德媽媽當時沒有支持兒子的計劃，選擇了否定兒子，那麼，我們可以想見，小查德的人生必定只有孤單和孤立。

所以，別再用大人的偏見，去猜測或阻止孩子們的付出，也別再用你的偏見，孤立自己的生活圈了。

希望贏得別人的認同，想要與人建立良好的關係，那麼我們就要比別人更加主動，就像小查德的世界一樣，沒有疏離與偏見，因爲在童眞的世界中，只要有表現，只要小手牽上小手，情誼自然就能展開。

微笑，是最好的生活技巧

你現在就可以敞開胸懷，對著身邊的人「笑一笑」，只要有好的開始，你就會越來越懂得如何微笑。

每天一大早出門，你有沒有發現，馬路上迎面而來的那些面孔，幾乎沒有一張是「好氣色」的？當你心煩地看著這一張張臭臉時，有沒有發現，反射在窗鏡上的你，也帶了一張灰色的臉？

史坦哈結婚十八年了，然而這十八年來，他總是一早起來便急急忙忙地上班，連他自己都發現，他似乎從未曾在踏出家門之前，給自己的老婆一個微笑，更別提在那位門口護守了十八年的管理員。

於是，史坦哈經常這麼想：「我一定是這個城市裡最不快樂的人。」

有一天，史坦哈走在路上，又思考著這個老問題，卻不知怎地，不知不覺中走進了卡耐基的「微笑訓練班」。正因為這個「小迷糊」，讓他從這個訓練班中，找回了快樂的自己。

最後一堂課結束之後，他決定把課程中學到的生活技巧，應用在現實生活中，於是第二天開始，大家看見了很不一樣的史坦哈！

早上一起來，史坦哈先是神情愉快地給老婆一個熱情擁抱，嚇得老婆緊張地直問：「你怎麼了？」

接著，他來到了門口，很大聲地向管理員說：「早安！」

由於太大聲了，還讓管理員嚇了一跳。

然後，他來到了火車站，對著售票小姐微笑說早安，同時，史坦哈也獲得了一個親切的微笑，這也是他十多年來，第一次見到售票小姐微笑。

幾天下來，史坦哈發現，大家給他的微笑越來越多，而且經常是他還未主動

打招呼前，別人就已主動地與他親切打招呼。

現在的他，每天都帶著愉快的心情出門，面對滿肚子牢騷的人，他不再跟著埋怨，而是靜靜地聆聽他們的牢騷，並用微笑回應一切，而問題似乎在這些「微笑」中，也變得越來越容易解決了。

史坦哈還發現，當自己的態度與心境改變之後，工作也越來越順利了。

這天，他的年輕拍檔忍不住對他說：「我很為你的改變開心，之前我每天的心情總是被悶悶不樂的你影響。現在，每天看見你微笑，讓我也跟著開心，對了，你微笑時讓人有一種舒服而慈祥的感覺！」

史坦哈笑著說：「謝謝你的肯定，過去實在很對不起。」

拍檔微笑著說：「都過去了，不再重要了。」

史坦哈改變了他的批評習慣，改用欣賞與讚美的方式與人互動，生活也更見陽光笑容。他說：「凡事都要試著從別人的角度去觀看，因為，我們沒有資格蔑視任何人。」

史坦哈最後總是習慣這麼下結語：「擁有真正的友誼與幸福感的人，才是真正富有的人，而這也才是我的理想人生。」

當史坦哈發現，能夠「用微笑生活」才是他的理想人生時，你是否也準備重新估量自己的生活價值？

在找出答案前，我們不妨到鏡子前面，看看我們的臉，是「微笑」紋多，還是「皺眉」紋多，因為眞正的笑容是假不了的，即使你硬逼著自己微笑，臉部的神經也會僵硬地告訴我們，這是一個「笑不由衷」的臉！

如果你也很想用眞感情微笑，就別想那麼多了，我們都是大自然的神奇產物，天生就有自己的情感，只是長久以來，被過多不值得煩憂的小事困住，忘了怎麼開懷大笑而已。

其實，你現在就可以敞開胸懷，對著身邊的人「笑一笑」，只要有好的開始，你就會越來越懂得如何微笑。還有，慢慢地你還會發現，街上的「微笑」也越來越多了，如果你感到好奇，不妨上前問一問，相信他們的答案都是：「我們這個眞情、甜美的笑容，都是因你對著我們微笑！」

站在對方的立場想一想

如果我們太習慣站在自己的角度看對方，很容易就會忽略對方的需求和感受，導致衝突不斷地發生。

心理學家威廉．詹姆斯曾奉勸我們：「想建立良好的人際關係，要先多了解每一個人的主觀信條和所處環境，並尊重他的人格，溝通彼此的思想。」換個立場，從對方的角度看他所處的環境，不僅能找出解決的辦法，還能預防下一個誤會與代溝的發生。

麗特看著十三歲的女兒瑪芮塔，正在門口用泥土和石頭猛擦新買的牛仔褲腳，頓時吃驚地大聲說道：「天呀！這是新買的牛仔褲啊！妳發什麼神經？為什麼要這樣糟蹋它？」

說完，麗特還跑到女兒面前努力阻止她的動作，然後搬出「媽媽幼年的故事」，對她說教了一番。但是，麗特完全不知道，一件寬鬆T恤和磨得破破爛爛的牛仔褲正是時下年輕人的流行穿著。

想到小時候窮得沒錢買衣服的困境，麗特對瑪芮塔說：「以前媽咪再窮，也不會穿得這麼邋遢啊！」

但不管麗特怎麼勸，瑪芮塔就是不為所動，繼續使勁地磨擦著褲子。

麗特很生氣地問她，為什麼非得把新牛仔褲弄破！瑪芮塔一副理所當然的口氣回答：「我就是不想穿新的！」

麗特大聲地問：「這是什麼理由？」

瑪芮塔也生氣地回答說：「不想就是不想，我一定要它弄破才穿出門！」

麗特實在無法理解女兒的堅持，特別是褲管上的線越拉越長，褲子上的破洞也越來越大時，麗特忍不住對友人抱怨：「為什麼她要穿成這樣呢？」

朋友說：「妳不妨到她的學校看看吧！看看其他女孩們是怎麼穿著的？」

這天，麗特真的來到學校接女兒，並觀察其他女孩們的穿著，結果她發現，其他女孩穿得比瑪芮塔還要「破舊」。麗特邊開車邊想這件事，接著對瑪芮塔說：「我想，或許對於妳的穿著，我是真的反應過度了些。」

女兒說：「是過度了。」

這時，麗特又對女兒說：「從今天開始，不管妳在學校或是和朋友出去玩，想穿什麼我都尊重妳的意見，不再過問了。」

女兒驚喜地說：「真的嗎？太好了！」

「不過！」麗特忽然又說：「如果妳和我一起逛街、拜訪親友時，希望妳也尊重媽咪，乖乖地穿上像樣的衣服好嗎？」

瑪芮塔沒回應，似乎有些猶豫。麗特繼續分析著：「妳不妨仔細想一想，其實妳只是退讓百分之一，而我卻退了百分之九十九，難道這樣不好嗎？」

瑪芮塔一聽，眼睛為之一亮，然後立即伸出小拇指，跟媽媽勾勾手指說：「就這麼說定了！」

從此之後，麗特每天早上都快快樂樂地送女兒出門，對她的衣服也不再囉嗦半句，而女兒和麗特一起出去時，也會讓母親很滿意。因為這個小小的溝通，不僅讓母女倆皆大歡喜，也讓母女的關係更進一步。

親子專家常常勸告父母說：「不要用你的高度看孩子，有時候你也要蹲下來，看看孩子們的小世界！」

其實，不管是面對小朋友，還是你身邊的朋友、同事、主管，很多時候我們都必須換個角度，爲對方想一想。

因爲，每個人的立場不同，成長的背景也不相同，所以解決的方式和技巧也各有所異，如果我們太習慣站在自己的角度看對方，很容易就會忽略對方的需求和感受，導致衝突不斷地發生。

換個位置看一看不同的視野吧！就像麗特與瑪芮塔一樣，稍微調整一下想法，互相交換觀察角度，不僅能輕鬆地解決難解的親子代溝，還讓彼此看見了生活中的多元景觀。

4. PART

動動腦筋，就能點石成金

價值是可以創造的，而非一成不變的，一旦我們有辦法發掘出一件事物的價值，就如同擁有了點石成金的魔法棒。

讀懂人性，就能成功

人性有黑暗的一面，也有光明的一面；有貪婪殘酷的一面，更有慷慨仁慈的一面；有時複雜得難以想像，有時卻又簡單得讓人嚇一跳。

著名的國際投機金融家索羅斯曾經這麼說：「在知識經濟的新時代，知識就是財富，就是潛在的生產力。」

在某些人眼中，多次掀起經濟風暴的索羅斯雖然被視爲惡名昭彰的「金融大盜」，但是，他說的這番話仍有一定的道理。

在知識經濟的時代，想要讓自己的日子好過，一定得具備知識這種潛在的生產力，尤其是洞悉人性的知識。

日子難過，就要想辦法過。只要你讀懂人性，就會比別人更快速成功。

時至二十一世紀，現今人類最寶貴的資產不再是金銀珠寶等有形的財富，而是懂得如何看透人類心理，進而創造屬於自己的機會與名聲，一旦能打響自己的名號，那麼離成功也就不遠了。

毛姆是英國的著名作家，著有《人性的枷鎖》等有名的長篇小說，此外，他的短篇小說也目當膾炙人口。可是，這位大作家在成名之前生活十分艱難，常常得餓著肚子寫作。

有一天，快到山窮水盡地步的毛姆來到一家廣告公司，厚著臉皮對廣告部的主任說：「先生，請您幫我一把吧！我想推銷我的小說，請您幫忙在各大報紙上刊登這則廣告。」

「各大報紙？」廣告部主任瞪大了眼睛，以疑的眼光打量他：「毛姆先生，你有錢支付廣告費用嗎？」

「有，這則廣告刊登後，我的書肯定會暢銷，如果您願意先幫我墊付廣告費用，我之後一定加倍還您。」毛姆自信地說。

廣告主任起先起還不相信，但見到毛姆遞上自己擬好的廣告詞後，立即一拍桌子：「好，這主意棒極了，我願意幫你！」

第二天，各大報同時登出一則引人注目的徵婚啟事，上頭寫著：「本人喜歡音樂和運動，是個年輕而有教養的百萬富翁，希望能和毛姆小說中的女主角完全一樣的女性結婚。」

女性讀者們看到這則廣告後，馬上飛奔到書店搶購毛姆的小說，回到家更是閉門苦讀，努力將自己培養成如小說中的女主角一般。

男性讀者也爭相搶購，目的是想研究女性心理，防範自己的女友投進富翁的懷抱。

短短幾天內，毛姆的小說就被搶購一空，他也因而一舉成名。這則徵婚啟事不但幫他脫離了貧困的生活，也為自己和自己的作品打響名聲。

毛姆這個辦法令男性與女性讀者都對他的小說充滿好奇、爭先恐後地搶購，

令人不得不讚嘆他善於利用人性，爲自己做了最好的廣告。

事實上，他身爲《人性的枷鎖》這本書的作者，能夠掌握大部份人共通的心理並不令人意外，畢竟一位成功的小說家，能將小說中的人物寫得栩栩如生，一定是平常就對「人」有仔細的觀察，對「人性」有深刻的理解。

人性有黑暗的一面，也有光明的一面；有貪婪殘酷的一面，更有慷慨仁慈的一面；有時複雜得難以想像，有時卻又簡單得讓人嚇一跳。

正因爲人性是如此多變又難以捉摸，所以想洞悉人性實在不是件容易的事。不過，若能在日常生活中仔細觀察周遭的人物，終有一天一定能看透眾生的潛在需求，進而掌握人性的共通點，相信到那時，你一定可以像毛姆一樣成功。

全力以赴，才能找到出路

成功向來都是不易的，也非偶然的，要求取比他人更高的成就，就要付出比他人更多的汗水與淚水。

雖然我們都知道「天下無難事，只怕有心人」的道理，但回頭看看自己的經歷：我們曾多少次信誓旦旦地宣告自己一定會實現理想，卻在經歷幾次挫敗之後就打退堂鼓了？我們也都知道要成功就不能輕言放棄，但爲何總是在奮鬥的路上半途而廢？

哥倫布童年時就認為地球是一個球體，立下探索地球真面目的理想。

一四九二年，葡萄牙海濱發現了兩具從很遠地方漂來的屍體，從人體特徵上判斷，他們和當時歐洲大陸上已知的人種都不一樣。哥倫布認為這種不為歐洲人所知的人種，住在地球西部，便遊說葡萄牙國王出資，幫助他進行海上探險，找到那些遙遠的大陸。

然而，葡萄牙國王假裝答應他，卻悄然派出了自己的探險隊。為了實現自己的夢想，哥倫布又轉而遊說西班牙國王，可是依然無法成功。

兩次失敗後，哥倫布並未灰心，仍然鍥而不捨地尋找、遊說可能支持他的人，結果當然是處處碰壁。

經過長時間的奔波，哥倫布耗費了僅有的一絲積蓄，連他的妻子也離他而去，朋友們都將他當成瘋子。

在這種情況下，哥倫布只好靠為別人畫各種圖表為生，但仍不屈不撓地為他的理想準備。

最後機會終於來了，西班牙王后在哥倫布的一個朋友勸說下，決定付一筆錢讓哥倫布去冒險。她心裡盤算著，如果哥倫布發現新大陸，將會為她帶來巨大的聲譽，就算哥倫布失敗了，她也只是失去一小筆財富而已。

哥倫布有了資助後，卻沒有水手願意和他一起出海，最終靠著國王和王后的強制命令下才讓他們屈服。

但是，出海僅三天，他們的船就斷了，水手們心中也充滿不祥之感，情緒低落。於是，哥倫布費盡唇舌向他們描述他所知道的新大陸，說那裡遍地黃金，這才讓水手們安下心來。

當船駛進百慕達海域時，他們又遇到了巨大的風暴，在風雨交加中，哥倫布差一點就絕望了，但為了實現自己的目標，他仍鎮定下來，以堅強的意志控制沮喪的情緒。

他的勇敢感染了跟隨他已久的水手們，大家齊心協力與風浪搏鬥，最後終於迎來了曙光——在美洲大陸上插上了西班牙的國旗。

成功向來都是不易的，也非偶然的，要求取比他人更高的成就，就要付出比他人更多的汗水與淚水。

每個人都曾經有夢，都曾經有理想，然而，眞正能將夢想付諸實現的人又有多少呢？又爲什麼哥倫布能在歷盡無數挫敗、嚐盡千辛萬苦之後，仍然堅持自己的理想，不願放棄？

這是因爲他心中巨大的信念從未動搖過，也正是這股信念推動著、鞭促著他前進，讓他不論遭遇到多大困難、多少次挫折，甚至身體與心靈已疲乏到極點，仍然屹立不搖。

正是因爲充滿堅決的信念，他的夢想才會有實現的一天。

「理想」不是放在心裡想想、掛在嘴上說說就可以，想要夢想成眞，更重要的是要有堅強的信念、不變的意志在背後不斷驅策，這才能讓理想成爲現實，也才有成功的一天！

動動腦筋，就能點石成金

價值是可以創造的，而非一成不變的，一旦我們有辦法發掘出一件事物的價值，就如同擁有了點石成金的魔法棒。

你是否曾想要擁有童話故事中「點石成金」的魔法棒呢？

每一個人其實都擁有這項點石成金的寶物，只不過並不是所有的人都知道該如何運用它罷了。

美國有一位著名的收藏家叫諾曼．沃特，有一次看到眾多收藏家為了收購名貴物品而不惜千金，忽然靈機一動，想到一個前所未有的點子——為什麼不收藏

一些劣畫呢？

他收購劣畫的兩個標準是：一是名家的「失常之作」，二是價格低於五美元的無名之輩的畫作。沒多久，他便收藏了兩百多幅劣畫。

不只如此，沃特還在報紙上登出廣告，聲稱要舉辦首屆劣畫大展，目的是「讓年輕人在比較中學會鑑賞，從而發現好畫和名畫的真正價值」。

出乎所有人的意料之外，這一個畫展空前成功。沃特的廣告也廣為流傳，成為茶餘飯後的話題。

觀眾爭先恐後地來參觀畫展，有的甚至不遠千里，專程趕來看看這些劣畫究竟是什麼模樣。於是，沃特收藏的劣畫就此名震一時，為他帶來相當多的名聲與財富。

藝術品所追求的就是「美」，而那些既不美又不優秀的藝術品是不是就失去價值了呢？

這個問題的答案，沃特已經告訴我們了。

不只如此，沃特還讓我們知道一件相當重要的事：在這個世界上是不存在「沒有價值的東西」的，因爲一件事物，甚至是一個人的價值，都取決於我們如何看待。因此，只要我們懂得將有價值一面挖掘出來，那麼即使是沒有人要的廢物，也能幫我們一夕致富。

價值是可以創造的，而非一成不變的，一旦我們有辦法發掘出一件事物的價值，就如同擁有了點石成金的魔法棒。就如同沃特相信劣畫並非不值一看、不值得收藏的東西，只要能換一個想法，事物的價值便能從中出現。

他的反向思考無疑爲我們提供一個非常寶貴的觀點：只要能善加利用自己的智慧，便可以讓自己受用無窮。

相信自己，必能獲得成功

命運掌握在自己手裡，更在於如何看待自己。不論出身多微寒，不論別人如何看待，只要相信自己辦得到，就一定會成功。

你相信算命嗎？你相信人有既定的宿命，而且是在自己出生之時就已經安排好的嗎？或是你認爲生於中下階級的人絕無爬上高位的一天呢？

人生或許有定數，但也充滿變數。看看以下的小故事，或許能幫你破除「宿命」或「出身」的迷思，以嶄新的態度面對自己的人生。

有一個黑人小孩出生於紐約的貧民窟裡，從小就和貧民窟裡的孩子們一起玩耍、打鬧，而且受環境的影響，染上了種種惡習，諸如打架、罵人、逃學……等等，讓每一個教過他的老師都很傷腦筋。

新學期，學校新來了一位教師保羅，聽說了這些孩子的「事蹟」後，希望能矯正他們的惡習，讓他們走上健康成長的道路。

剛開始的時候，保羅苦口婆心地勸說這些孩子們，希望他們成為有理想有抱負的人，但這些孩子沒有一個聽得進他的教導，仍和往常一樣打架、逃學、滿嘴髒話。

怎樣才能讓這些孩子改掉壞毛病呢？保羅總是為了這件事操心。後來，保羅發現那裡的人非常迷信，於是想到利用迷信的方式改變孩子們。

那一天，保羅和往常一樣走進教室，可是卻沒有如往常那樣開始講課，反而說：「我知道你們都不想上課，所以今天這節課就不上了。」

孩子們發出一陣歡呼聲。保羅繼續說道：「我在讀書的時候，學校不遠處是一個原始部落，部落裡有一位巫師，當地人遇上任何問題，都會去請巫師占卜。那個巫師還會幫人看手相，他說我以後會成為老師，後來我的確成為老師。當時，

我還跟著巫師學習如何看手相，學會如何藉著看手相了解每個人的未來，今天，我就來幫你們看看手相吧！」

孩子們聽完後十分興奮，又發出一陣歡呼聲。

保羅要孩子們坐好，先幫第一排的彼特看。他來到彼特的位置，拉著他的小手說：「嗯！我看看，你以後一定會成為一個商人，而且是很成功的商人，先恭喜你喔，彼特。」

看著保羅慈愛的目光，彼特高興地對同伴說：「聽到了嗎？我會成為一個很成功的商人呢！你們快讓老師看看長大後會成為什麼樣的人。」

孩子們看到老師說彼特以後會成為商人，都爭先恐後地讓老師幫自己看手相，而且被看過的孩子都高興極了，因為按照保羅老師的推測，他們的未來都很成功，個個非富即貴。

那個黑人小孩是最後一個，好想把手伸出去給老師看手相，可是又怕得到不好的預測，因為從小到大沒有人喜歡過他，也沒人說他將來會有出息。

保羅看到那孩子猶豫不決的樣子，一下子就猜出他在擔心什麼了，便走到孩子身邊，對他說：「每一個孩子都得看手相，你也不能例外。我看手相看得相當準的，從來沒有出現過錯誤推測。」

孩子緊張地看著老師，最終還是把手伸了出去。保羅煞有其事地把那隻髒兮兮的小手仔細翻來覆去研究很久，然後盯著那孩子，非常認真、非常確信地說：「你好棒喔，你以後一定會成為紐約州的州長。」

那個黑人孩子簡直不敢相信自己的耳朵，但他堅信老師說得沒錯，因為老師說他看手相是很準的。他感激地看著老師，並在心中確立了成為州長的信念和目標。從那以後，孩子們打架、逃學的事件一天天地少了，那個黑人孩子變化尤其大，改掉了一切壞毛病，完全變了一個人似的。

那群孩子長大以後，真的有不少人成為富翁或社會名流。至於那個黑人小孩也的確在五十一歲時成為紐約州第五十三任州長，並且是美國歷史上第一位黑人州長，他就是羅傑·羅爾斯。

我們常常說「命運掌握在自己手裡」，看完這個故事，我們更應該說：命運

不但掌握在自己手裡，更在於如何看待自己。

日子難過或許不是你的錯，但千萬不要得過且過。

人的一生就像是一趟乘風破浪的海上之旅，千萬要記住法國啓蒙思想家盧梭的叮嚀：「當心啊，年輕的舵手，別讓你的纜繩鬆了，別讓你的船錨動搖，不要在你還沒發覺以前，船就漂走了。」

如果我們相信自己終有成功的一天，那麼不論歷經多少困難與挑戰，我們仍然可以一步步向我們的目標邁進；就像貧民窟長大的羅傑·羅爾斯堅信自己眞能成爲州長一樣。所以，不論出身是多麼微寒、不論別人如何看待，只要相信自己，不論想達成什麼目標，都一定辦得到。

讓自己的決定保持彈性

即使不得不做出選擇，也必須保持彈性，同時更要了解「不要把話說，要留三分餘地」的道理。

只要是團體，裡面一定會出現結黨、劃小圈圈的現象，即使大如國家政治，甚至是國與國之間，也脫離不了這樣各自結黨的情況。

面對這種情形，也許一開始時，我們還能維持中立、獨善其身，但是到非得做出選擇的時候，置身其中的我們又應該怎麼下決定呢？

一九六八年美國總統大選期間，季辛吉打電話給尼克森的競選團隊，在電話

中很明確表示他可以向尼克森陣營提供寶貴的情報。

季辛吉是候選人之一的洛克菲勒的盟友，知道很多內部消息，尼克森團隊自然高興地接受他的情報。

但另一方面，季辛吉也向民主黨候選人韓福瑞表示同樣的意願，韓福瑞則要求他提供尼克森內部消息，於是季辛吉就把自己所知的情報全盤托出。

事實上，季辛吉真正想要的是內閣的位子，因此以內閣的職位為條件，向兩方提供情報，這樣不管是誰贏了大選，季辛吉都將從中獲利。

最後，尼克森贏得大選，季辛吉也順利地當上國家安全事務助理。

但在尼克森任職期間，季辛吉仍然小心翼翼地與尼克森保持一定的距離。後來「水門事件」爆發，福特上台後，原來與尼克森非常親密的人都被迫下台了，只有季辛吉未受影響，繼續在動盪的年代裡叱吒風雲。

我們可以說季辛吉是老狐狸、牆頭草，甚至是鄙視他的人格，但是他這種不將所有籌碼孤注資一擲的做法，卻值得我們效法。

原本政治就是充滿利益交換的場域，在激烈的權力競爭中，有時不得不憑藉他人或團體的力量，幫助自己向上。

這一類情勢瞬息萬變的環境，最大的特徵就是「沒有永遠的敵人，也沒有永遠的朋友」。

正因如此，身在其中的人即使不得不做出選擇，也必須保持彈性，同時更要了解「不要把話說絕，要留三分餘地」的道理，畢竟對立與激情都是一時的，有共同追求的利益才是最重要的。

不管是投資理財或商業競爭，甚至是經營人際關係，都不要把所有的雞蛋都放在同一個籃子裡，因爲你永遠不會知道，這個籃子明天會不會打翻。

別讓標準答案限制自己的發展

問題的答案不會只有一種，也很可能甚至不是我們想像的樣子，所以讓我們把追求「標準答案」的心結解開吧！

在學校裡上課的時候，老師總是要求「正確的標準答案」，如果回答與標準答案不同，就一律視爲錯誤。

如今，我們已經不再是當年埋首苦讀的學生了，但是，我們的腦子裡是不是經常還在尋求「標準答案」呢？

古希臘時代，一位預言家在城市內設下一個號稱最難解的結，並且預言，將來能解開這個結的人必定是世界的統治者。

在那之後千百年的時光當中，許多人都曾勇敢地嘗試過，但是依然無人能解開這個結。

當時，身為馬其頓國王的亞歷山大也聽說了這個結的預言，於是揮兵進駐駐這個城市的時候，也嘗試要打開這個結。

但亞歷山大連續試了好幾個月，用盡各種方法都無濟於事，最後他恨恨地說：「我再也不要看到這個結了！」

他抽出自己的寶劍將結砍成兩半，於是結打開了。

亞歷山大最後以自己的武力與智慧，建立起橫跨歐、亞、非三洲的大帝國，並成為主宰三塊大陸的偉大霸主。

問題的答案不會只有一種，也很可能甚至不是我們想像的樣子，所以，讓我們把追求「標準答案」的心結解開吧！

我們無從得知當初預言家所打的結究竟有沒有辦法解開，或許一開始它就是

一個無解的結也不一定，但我們能確定，預言家知道能用獨特方法解開這個結的人，必然是智勇雙全的曠世英雄。

如果亞歷山大也像其他挑戰者般，將所有心思花在解開繩結的辦法上，最後恐怕無法成爲雄霸三洲的帝王，而是如其他挑戰者般一事無成。

其實，這世上有許多事沒有所謂的「標準答案」，不幸的是，我們從小就被教育要回答「標準答案」，被這種想法制約後，對很多觀念、解決問題的方法，失去了創造性的思考方式。

如果眼前有解決不了的疑難雜症，不妨退一步看看！倒過來看，歪著頭看，說不定能找出不只一種解決辦法喔！

別讓自己的好惡左右理智

除了自己喜歡的人的優點外，還要學習欣賞自己厭惡的人的優點，才能讓自己的選擇擁有最大的「彈性」與「可能性」。

人都有七情六慾，有喜歡與討厭的事物，有的時候這些好惡與是非無關，只是出於自己個性上的偏執，沒有什麼道理可言。

但是，如果要成就大事，「放下偏執」是必須的，因爲有時我們所需要的，正是一種與自己相反的思考方式、一股截然不同的力量，透過這些想法的碰撞，反而能擦出成功的火花。

一八〇七年，拿破崙的外交大臣塔里蘭認為推翻拿破崙的時機已經來臨，不過仍需要一位盟友幫助自己。出乎眾人意料之外的是，他最後選擇了自己最不欣賞的人——秘密警察首領富歇。

雖然塔里蘭並不期望和富歇建立任何友誼，而且此事在現實上也是不可能的，但是如果能和富歇合作，不但在實際政治運作上能發揮極大的效用，雙方也一定會努力證明自己的價值與功用。

塔里蘭明白，與富歇的結盟是建立在雙方共同的利益基礎之上，和私人感情沒有任何關係，這樣的合作反而才是最安全的。

兩位一向對立的大臣竟然會結盟，這件事也使得旁人對他們的主張產生極大的興趣，對拿破崙的反對聲浪也逐漸蔓延開來。

令大家都非常意外的是，在那之後塔里蘭和富歇成了最佳的政治搭檔，他們的主張也漸漸被眾人所接受，最後造成了相當重大的影響。

雖然與不欣賞的人結盟是一件難事，但是做任何決定之前都仔細想想，自己的好惡是否已經影響了自己的利益與判斷？

讀完這個故事後，我們必須了解的是，就算塔里蘭再怎麼不欣賞富歇，他的理智仍告訴自己，富歇具備了過人的能力才能成爲秘密警察首領，也因此，在擁有相同目標的前提下，塔里蘭出乎所有人意料之外，與自己最不喜歡的對手結盟，一同對付大權在握的拿破崙。

其實，即使彼此不欣賞，也不代表兩人一定無法合作。不要讓好惡左右自己的理智，只要沒有利益的衝突，那麼爲了獲得成功，就應該嘗試所有的可能性，不要預設任何立場，一開始就說「我不願意」。

除了自己喜歡的人的優點外，我們還要學習欣賞自己厭惡的人的優點，雖然要做到這一點非常困難，但是唯有如此，我們才能讓自己的選擇擁有最大的「彈性」與「可能性」。

有好的領袖，能更上層樓

身為領導者，必須擁有更冷靜的頭腦、更大的心胸、更廣的眼界接納部下的建議，如此不僅使屬下的才華得以發揮，自己也能從中成長。

公司中常常會出現一個現象：在緊要關頭，上司抱怨屬下派不上用場，屬下埋怨上司不了解自己的能力。

一般來說，企業都非常重視員工的訓練和教育，希望培養出更多沉著冷靜的人才爲公司效力。可是，倘若領導者的觀念不夠正確，做事不夠謹慎，就可能造成員工懷才不遇的情形發生。

「領導者」的角色非常重要，甚至會左右一家公司的前途。要讓底下的人願意跟隨自己，就在於領導者能給屬下多大的幫助。

新力公司董事長盛田昭夫多年來保持著一個習慣，就是和職員們一起用餐、聊天，培養彼此的合作意識，以及良好的互動關係。

有一天晚上，盛田昭夫按照慣例走進員工餐廳與職員們一起用餐，發現一位年輕職員鬱鬱寡歡，滿腹心事，只是悶著頭吃飯，誰也不搭理。盛田昭夫於是主動坐在他對面。

幾杯酒下肚之後，這位職員終於開口了：「我畢業於東京大學，原本有份待遇十分優渥的工作。當時，我對新力公司非常崇拜，認為若能進入這家公司，會是一生最佳的選擇。進入後我才發現，我根本不是為新力工作，而是為科長做工。坦白說，我的科長是個無能之輩，更可悲的是，部門所有提案與計劃都得經過科長批准。我自己的一些小發明與建議，科長不僅不支持，還挖苦我不自量力、野心太大。我十分洩氣，心灰意冷，如果這就是新力公司，我又何必放棄原有的工作來到這裡呢？」

這番話令盛田昭夫十分震驚，心想類似的問題在公司內部恐怕不少，管理者應該關心基層員工的苦惱，了解他們的處境，而不是堵塞他們上進之路。

於是，他建立新的人事管理制度。

從此以後，新力公司每週出版一次內部小報，刊登公司各部門的「求人廣告」，員工可以自由且秘密地前去應聘，上司無權阻止。

另外，每隔兩年就讓員工調換一次工作，讓那些精力旺盛、幹勁十足的人才有發揮的空間，不是讓他們被動地等待工作，而是主動給他們施展才能的機會。

在新力公司實行內部招聘制度後，有能力的人才大都能找到自己較中意的崗位，人力資源部門也可以發現那些「流出」人才的上司存在的問題，以便及時採取對策進行補救。

身爲領導者，就是因爲某方面的能力比屬下強，才會變成上司。因此，底下的人若做得不好，應該給予的是協助，而非指責。

除此之外，必須擁有更冷靜的頭腦、更大的心胸、更廣的眼界，接納部下的建議，如此不僅使屬下的才華得以發揮，自己也能從中成長。

盛田昭夫正是了解這個道理，知道「人的資質是無限的」，只要能活用這些人才，就能為公司帶來助力，使得新力公司發展至今日這個規模。

我們都必須學習當個優秀的領導者，即使沒有機會帶領別人，也要能當自己的伯樂，發覺自己的強項，努力發揚光大。

5.
PART

適時為自己打打氣

在增進專業能力的同時，別忘了隨時給自己信心，兩者一併提昇，才能得到最好的成績。

做好自己應該做的事

偉大，並不是做了多麼了不起的事，而是做好自己該做的事。當任務的完成必須以自己的性命做為交換，能夠盡忠職守的人，就顯得偉大了。

一名英雄完成一項偉大的任務，雖然肯定能夠得到許多人的佩服，但也有許多人會認爲他們的成功是理所當然的。

相較之下，平凡的人物當中，有時也會出現令人嘆服的行動，當這種時刻發生，往往更容易使人感動。

偉大的行動，看起來或許相當困難，但是，就算是平凡人，在必要的時刻，只要做好自己應該做的事，同樣也能讓人動容。

在二次大戰時，德軍曾經一連好長的一段時間，對英國進行轟炸。當時英國的主力軍隊正參與聯軍行動，在歐陸與德軍對抗，而守衛英國本土的任務，大部分都交付在民兵身上。

約克．伊凡斯是其中一位民兵。由於不佳的視力與孱弱的身體，無法參軍，只好加入民兵訓練，當然，以他的實力，很難在軍隊中獲得什麼樣厥偉的功績，不過他一直盡職於自己的崗位。不管是急救昏迷人士，或是在轟炸過程引導民眾進入防空洞躲避……等等，他都盡力完成。

伊凡斯和許許多多的民兵民眾一般，都是平凡人，都是戰爭中微不足道的人物，原本根本不可能留名。但是，在伊凡斯死後，不只獲得了一枚獎章，更有許多人前來參加他的葬禮，為他的死亡感到嘆息，為他的勇敢表示敬意。

這中間，有一段感人的故事。

那一夜，輪到伊凡斯值夜，他看到遠處有閃光，立刻打電話通報民防指揮中心。但是，指揮中心的指揮官並沒有放在心上，反而覺得他神經緊張、大驚小怪，於是伊凡斯只好重新回到自己的崗位上。

不料，他才一踏出電話亭，就有一顆炸彈落了下來。他連忙閃避，結果並沒有爆炸聲傳來。伊凡斯剛開始鬆了好大一口氣，以為那是一顆未爆彈，但是，仔細勘察之後，發現那顆炸彈並不是不會爆炸的啞彈，而是一枚巨大的定時炸彈。他沒有多想，立刻回到電話亭裡向指揮中心的長官報告，而後依照長官的指示，要求附近的居民盡快撤離。

伊凡斯廣播通報民眾避難之後，沒有離開炸彈現場，而是忙著疏散附近的行人，在炸彈威脅的區域圍上繩子，禁止閒雜人等靠近。

除此之外，他還在四周不斷大喊：「有炸彈，快離開！不要逗留！」以沙啞的嗓音勸離好奇觀望的民眾。一直到炸彈爆炸的那一刻，伊凡斯都沒有離開，他以自己的性命保護了周遭所有的人的性命。

作家羅曼．羅蘭曾經爲人生下過如此的註解，說：「人的生涯幾乎都是一種長期的受難。或是悲慘的命運，把他們的靈魂在肉體與精神的苦難中折磨，在貧

窮與疾病的鐵砧上鍛熬；或是目擊同胞承受無名的羞辱與劫難，而生活為之戕害，內心為之碎裂，永遠過著磨難的日子。他們固然由於毅力而成為偉大，也由於災患而成為偉大。」

從這個觀點來看，伊凡斯和被他的義行所拯救的許多人都同樣偉大。

伊凡斯在昇平之世裡，可能只是無數平凡人中的一位，連偉大的邊都沾不上；但是在紛爭戰亂的時代，即使是平凡人，也能夠做出極不平凡的事來。

偉大，並不是做了多麼了不起的事，而是做好自己該做的事。盡忠職守，聽起來簡單得很，每個人只要完成自己的任務就成了，沒有什麼了不起。但是，當任務的完成必須以自己的性命做爲交換，能夠盡忠職守的人，就顯得偉大了。

伊凡斯把他認爲該做的事完成了，是這種精神，成就了自身的偉大。

看重自己，就沒有人可以小看你

一個看重自己的人，必然會蓄積足以為他人看重的能量；一旦這些能量發散出來，那份光彩必將換來應得的尊重。

不管是任何一個企業或任何一個單位，領頭決策者自然極爲重要，但是，每一個環節裡的每一個小螺絲釘，也都是一樣重要。

試想，一部只有引擎、沒有車輪的汽車，如何開動？有了車輪卻無運轉順暢的軸承，車輪也無法依引擎的功率跑動。甚至，只要少了幾個螺絲釘，就可能導致汽車在高速行駛下發生意外。

詹姆斯的兒子正在和鄰居的小孩們說話，他們在談父親們的工作。

有的人說：「我爸爸是公司經理。」

有的人說：「我爸爸是議員。」

問著問著，問到詹姆斯的兒子鮑伯。鮑伯有點不自在，吶吶地說：「他是一個和工作奮鬥的人。」

相較於其他小孩的父親們位居津要，詹姆斯的工作顯得低微許多，他是一名工廠的作業員，也就是一般所謂的藍領階級。

小孩們的對話被詹姆斯的妻子聽見了，當孩子們被各自的母親叫回家吃飯時，詹姆斯的妻子也把鮑伯叫進廚房。

她對兒子說：「鮑伯，你說你父親只是一個與工作奮鬥的人，這一點，你沒有說錯。但是，我希望你了解，這並不是一件讓人丟臉的事。如果沒有你爸爸辛苦工作、賺錢養家，我們也不能過這麼平穩的生活。」

鮑伯點點頭表示自己明白，於是詹姆斯的妻子繼續說了下去，她說：「每一個工作場所裡，只有大老闆、只有高級官員、只有高級幕僚，是不行的。不管是商店、賣場、工廠，沒有人去執行繁重的基層工作的話，是沒有辦法讓每一個單位順利運轉的。一棟房子要蓋得漂亮、住起來舒適，只有建築設計師是做不到的，還得有技術高明的木工、泥水匠相互配合才能完成。所以，最偉大的工作者，不是位居上位的人，而是底下盡力付出完成自己任務的每一位員工。這一點，你要記得。你的父親一向認真盡責於自己的工作，我們應該要為他感到自豪、驕傲。」

詹姆斯這時正好走進廚房裡，聽到妻子說的話，感動萬分。兒子鮑伯見他回家，飛也似地撲到他身上說：「爸爸，我知道，你是最偉大的工作者。」

每個企業、每家公司裡的成員都一樣重要。執行長很重要，銷售經理很重要，工廠廠長很重要，財務部門很重要，難道工廠裡的作業員就不重要嗎？一個運作順暢的團隊裡，是不會有多餘的人存在的。因爲有每一份子在每一個環節裡發揮最大的功能，才能共同創造出高產能。

故事裡，詹姆斯的妻子要兒子明白的，就是這個道理。

《智慧書》的作者葛拉西安曾經如此寫道：「不是每個人都能擔任國王。但

不論你所處的階層或條件，你的言行舉止應當與王者看齊；無論做什麼，你都應當具有王者風範，要有崇高的行動和心靈。」

這番話提醒我們創造自己的價値，看重自己的價値，當我們深深確信自己是個有價値的人，我們就能夠展現出更高的價値。

不要爲了眼前的工作或職位自卑，只要你看重自己，就沒有人可以小看你。一個看重自己的人，必然會蓄積足以讓他人看重的能量；一旦這些能量發散出來，那份光彩必將換來應得的尊重。

小地方，往往藏著大契機

只要你對周遭生活保持關心，也許有一天，你也能從中挖掘出讓你致富的契機。

一個人能不能成功的關鍵，有時候只不過是一個小小的契機而已。

如果你掌握了這個契機，你就有成功的希望；如果錯失了，成功也就這麼擦身而過了。

所以，千萬不要忽略生活中的瑣碎小事，因爲這些瑣碎小事，很可能正隱藏著讓你成功的契機。

基姆．瑞德原本從事的是打撈沉船的潛水員工作。

有一次，他正在打高爾夫球的時候，偶然看見一顆高爾夫球因為打球者的失誤而掉進水池裡。

在球沉入水中的那一瞬間，一個賺錢的機會忽然竄進他的心裡。於是，他向高爾夫球場申請，讓他穿著潛水服潛進水池中。

當他進入水池後，驚訝地發現，水底竟是白茫茫的一片。原來，水池底部堆積著成千上萬顆因失誤而掉入水中的高爾夫球，而且這些球絕大部分跟嶄新的沒有兩樣。

球場的經理知道這件事之後，答應用十美分一顆的價錢向基姆收購。才一天的時間，基姆就從水中撈出了兩千多顆小白球，得到的報酬相當於他一個星期的薪水。

後來，基姆決定將這個行業擴大，他開始僱請幫手，一方面從水中撈球，另一方面則負責清洗這些球，並且將它們重新噴漆包裝，然後按照新球價格的一半出售。

其他的潛水員知道基姆的舉動之後，也紛紛加入了這個行業，使從事這項工作的潛水員開始多了起來。

基姆看到這個情形，於是乾脆成立一家公司，專門從這些潛水員的手中收購舊球，每顆球的收購價格是八美分。

到目前為止，每天都有八萬到十萬顆沉入水中的舊高爾夫球，被送到他設在奧蘭多的公司。現在，基姆所開設的舊高爾夫球回收公司，一年的總收入，已經達到了八百多萬美元。

一顆毫不起眼的高爾夫球，卻爲基姆創造出驚人的財富，由此可見，在我們的日常生活裡，處處都存在著能夠爲自己創造財富的機會，關鍵就在於你是否發現了它們。

當你還在爲奔波勞累的生活嘔氣、爲眼前的小事鬱悶時，何不靜下心來，試著從小地方尋找大契機。只要你對周遭生活保持關心，多一分心眼，也許有一天，你也能從中挖掘出讓你致富的契機。

痛苦，是因為不滿足

生活中的快樂不是建立在物質的基礎上的。所以千萬記住，別讓你的慾望成為流浪漢的帽子了。

許多人費盡心機追求身外之物，想要讓自己過得幸福快樂，但是到最後卻總是得不到快樂和幸福。

這是因爲這些人不懂得知足，而且往往以爲擁有的金錢、權力越多，或地位越高就會快樂。

殊不知，即使他們擁有了這些東西，也會因爲不懂得知足，而使原本到手的東西丟失，結果卻還是落得一場空。

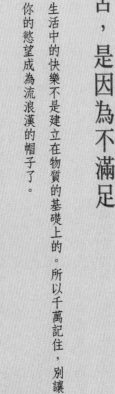

傳說某個深山部落附近有座寶山，山上有一個神奇的山洞，山洞裡面的寶藏多到能夠使人終生享用不盡。但是，這個寶山的山洞一百年才會打開一次，而且每次只打開十五分鐘。

雖然很多人都知道這個傳說，可是卻沒有人確實知道這個山洞在哪裡，以及山洞開啟的正確時間。

這一天，有一個四處漂泊的流浪漢無意間經過這座寶山，而且經過的時候，正好是這百年難得一見的山洞開啟的日子。

這個流浪漢在山洞外面看到裡頭數不清的金銀珠寶，眼睛都直了！他非常興奮地跑進山洞，將他所看到的金銀珠寶拼命裝滿他身上所有的袋子。由於山洞的門隨時會關上，所以他的動作非常迅速。

當他身上的袋子全都裝滿了珠寶，再也沒有多餘的空間時，這才依依不捨地走出山洞。沒想到出來之後，才發現自己因為太過於興奮，而把帽子遺忘在山洞裡了，於是這個流浪漢趕緊將裝滿金銀珠寶的袋子留在外面，快速衝進去洞裡拿

帽子。

可惜，剛進入山洞，山洞關閉的時間就到了，這個流浪漢便永遠被關在山洞裡，再也出不來了。

後來，住在附近的居民經過山洞，發現流浪漢留在外面的寶藏，居民們認為是上天賜給他們的，就把它帶回村莊，和所有的村民一起分享了這些天上掉下來的財富。

生活中的快樂不是建立在物質上的獲得，不過，生活中的痛苦卻往往來自物質慾望的不滿足。

故事中的流浪漢在山洞裡拿到的金銀珠寶，已經足夠使他買千千萬萬頂相同的帽子，但是，他並沒有想到這一點，仍然執意而愚蠢地要回去拿他的帽子。

太貪心的結果，非但是失去了原本已經到手的財富，而且連自己也被困在暗無天日的山洞裡。

所以，千萬記住，別讓你的慾望成爲流浪漢的帽子了。

關懷，是最強大的力量

愛的力量是不容忽視的，所以，不要忽略你心中的愛，也許有那麼一天，它會在你身上產生出意想不到的神奇力量。

愛的存在是非常神奇的！因爲，只要心中充滿了有愛，不可能的事情往往都會變成可能。

愛的種類和範圍是無所不包、無所不在的，也正因爲有這麼多愛的存在，世界才會充滿溫暖，不因人類的貪婪和私慾而變得冰冷黑暗。

美國一位社會學教授，帶著他的學生到一個黑人貧民窟進行調查研究，其中

一個研究主題，就是對該區兩百名黑人小孩的前途進行預測。

學生們都以十分認真的態度來研究這個主題，經過不斷地調查和精密統計之後，報告終於完成了！

但是，結果十分令人沮喪，因為兩百名孩子幾乎沒有例外，一致被認定為「一無是處」和「無所作為」。

四十年之後，當年提出這個研究的教授早已去世了，他的學生從檔案裡發現了研究報告，在好奇心驅使下，他來到當年的調查地點，比較調查結果是否跟事實吻合。

他很驚訝的發現，當年接受調查的兩百名孩子中，除了二十名已經離開這裡，不知去向之外，其餘一百八十名孩子大都有相當的成就。

他們之中不乏銀行家、商人、律師和優秀的運動選手，而對於目前所擁有的一切，那些已長大的孩子們都說，他們最感謝當地的一位小學老師。

調查者找到了這位小學老師，並且詢問她是用什麼方法，讓這些孩子都能獲得成就。

這位已經上了年紀的老師只是微微笑，溫柔地說：「因為我愛這些孩子。」

因爲心中有愛，所以這個老師才能將任何人都不抱希望的孩子，教導成對社會有貢獻的人。

愛的力量是不容忽視的，所以，不要忽略你心中的愛，也不要吝於釋出關懷。也許有那麼一天，它也會在你身上，產生出意想不到的神奇力量。

適時為自己打打氣

在增進專業能力的同時，別忘了隨時給自己信心，兩者一併提昇，才能得到最好的成績。

在現代社會中，工作的種類劃分越來越清楚，所以時代的趨勢也逐漸由「通才化」轉變成「專業化」，如何加強自己的專業知識和技能，便成爲每個上班族必須面對的課題。

然而，在加強專業知識和技能的過程中，很多人難免會對自己的能力產生懷疑，所以適時地給自己打氣，就比只顧著增加自己的專業能力還要重要得多了。

日本戰國時代，有一個茶道專家很喜歡裝扮成武士。

有一天，這個專家一時興起，便穿著武士的服飾，還帶著佩刀上街去了，沒想到，在街上卻碰到了一個真正的武士。專家看到真正的武士走來，心虛得連忙低下頭，快速地從武士身旁走過。

武士看到專家驚慌的樣子，心想他一定是冒牌武士，所以才會這麼驚惶，於是就對專家說：「別走，我要和你決鬥。」

專家心想，如果跟真正的武士比武，那麼自己一定會死在武士的刀下，但是自己好歹也是一個有名的茶道專家，絕不能死得太難看。於是，專家便對武士說：「我有一件很重要的事要去辦，等辦完了這件事，我再來跟你決鬥。」

武士答應了專家的要求。接著，這位茶道專家找了一家著名的劍術道館，跟裡面的劍道師父說：「請您教我死得最漂亮的姿勢吧！因為我等一下要跟真正的武士決鬥，可是我是一個茶道專家，根本不會劍術，所以我一定會被殺死的，但是我希望至少能死得像個一流的茶道專家。」

劍道師父聽完專家的話，對他說：「我可以教你，可是，你要先泡一壺茶給

我喝。」

專家想到，這可能是他這輩子最後一次泡茶，於是用了畢生所學，泡了一壺茶給劍道師父喝。師父喝了之後非常感動，直說這是他這一生喝過最好喝的茶。

這時，劍道師父告訴專家說：「你去決鬥的時候，維持你泡茶的樣子就可以了，因為這是你最優美的姿勢。」

專家聽了劍道師父的建議之後，面對武士時便不再心虛，並且將本身的尊嚴全部發揮出來。武士看到專家的氣勢時大為震懾，便要求中止兩人的決鬥了。

故事中的專家因爲對自己的專業產生了信心，所以才能不戰而屈人之兵，以他的自信懾退對手。

在工作上也是一樣，除了擁有專業能力之外，一定還要加上對自己的信心，才能發揮出所有的實力。

因此，在增進專業能力的同時，別忘了隨時給自己信心，兩者一併提昇，才能得到最好的成績。

動腦的時候，別忘了動手

無論多完美無缺的計劃，如果缺乏實際的行動力，那麼也只是一座虛幻的空中樓閣，雖然很美，可是毫無用處。

「坐而言不如起而行」是大家都知道的一句俗諺，可是，在現實生活當中，卻不是每個人都做得到。

因爲，大多數人的通病都是坐在椅子上，用腦袋和嘴巴計劃美好的未來，而不是用雙手，一步一步地把美好的藍圖實現。

古時候，有一座神秘的聖殿坐落在河的對岸，許多人都想渡過這條大河，進入聖殿參拜。

但是，這條河非常湍急險峻，河面上沒有現成的橋樑，也沒有擺渡的小船，大多數人都只能站在河邊，徒然遙望著對岸的聖殿。

有一天，一個愚者走到河邊，絲毫不畏湍急的河水，只是一心想著要渡過這條河，到對面的聖殿參拜。於是，他開始在河邊四處尋找，終於在旁邊的草叢中發現一根圓木和一根木棍。

愚者就以圓木為船，木棍當槳，小心翼翼地渡過了湍急的河水，終於抵達了對岸，到了那座神秘的聖殿面前。

愚者到達聖殿之後，只見厚重的大門被鐵鎖牢牢地鎖住，讓他無法從大門進入。這時，另外一扇大窗成了唯一的出入口，但是大窗看起來好像也被鎖住了。愚者只好在聖殿外面徘徊，左顧右盼了半天，仍然找不到可以進去的地方，於是他決定放棄，失望地離開這裡。

過了沒有多久，有一個智者也想到聖殿去參拜。他在河邊發現了愚者留下來的圓木和木棍，於是也用同樣的方法，渡過了這條大河。

到了對岸，智者遇到了和愚者相同的問題，見到所有門窗都是關閉的，不同的是，智者並沒有跟愚者一樣很快就放棄，而是伸出雙手，用力地推著窗戶。剎那間，看起來原本毫無縫隙的窗戶，竟然就這樣被推開了！這位智者也成為第一個到聖殿參拜的人。

無論多完美無缺的計劃，如果缺乏最實際的行動力，那麼也只是一座虛幻的空中樓閣，雖然很美，可是毫無用處。

所以，想要讓自己的成就完美，就必須確切地執行腦中的計劃，忍受現實帶來的失敗和挫折，如此一來，成功才會更眞實，而且更有意義。

太過偏執，會看不清事情的真面目

偏執使人盲目，使人看不清事情的真面目。做任何事情，過與不及都不是好事。

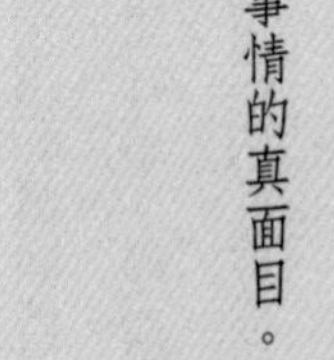

執著是成功的必備要素，但若是太過於執著，反而會造成失敗。因爲，人要是太過執著，就會變成固執，在問題發生的時候，看不清楚問題的癥結，也會在應該斷然放棄的時候，錯過當機立斷的時機，成爲失敗的重要原因。

有一個人是非常虔誠的佛教徒，有一次費盡千辛萬苦，找到一位隱居在深山的禪師，問他：「請問大師，到底什麼是佛？」

禪師笑著回答：「你就是佛。」

那個人聽了禪師的話，大吃一驚，回答說：「我只是一個凡夫俗子而已，怎麼敢認為自己是佛呢？」

禪師向他解釋：「你會有這種想法，是因為你有個『我』的觀念從中作梗。既然有了『我』的存在，你就不能超越自己，所以你不知道自己就是佛。」

那個人聽了，又問：「既然如此，那麼請問大師，您呢？您是不是佛？」

禪師聽了，原本慈祥的笑容轉為嚴肅：「你為什麼要那麼偏執呢？有了『我』的觀念就已經不是佛了，現在又加上了一個『你』，那不是離佛更遠了嗎？」

偏執使人盲目，使人看不清事情的真面目。

做任何事情，過與不及都不是好事。從這個角度而言，孔子所提的「中庸之道」不但適用於個人的修養，也是現代社會很好的處世哲學。

做人做事應該用心靈的眼睛觀照周遭，如果能先跳脫出「我執」的觀念，那成功也是指日可待的事了。

6.
PART

頭腦比拳頭更好用

遇到蠻橫不講理的人，懂得運用智慧，才是避免爭執，同時又能解決問題的好方法。

別用情緒解決問題

當你遇到問題的時候，先別急著生氣，心平氣和地想一想，如果生氣對解決問題有用的話，那麼再生氣也不遲。

金斯萊曾經說過：「老是活在為瑣事而憂慮的生活裡，這種人生未免也太短暫了。」

的確，人生並不是一枝短短的蠟燭，而是一把一代傳一代的火炬，當這把火炬傳到我們手上的時候，我們要思索的，是如何把它燒得光明燦爛，千萬別爲了芝麻小事，而讓這把火炬在自己手中熄滅。

當遇到與自己的期待相反的情況時，許多人在當下的第一反應都是生氣，而

且等到怒氣發洩完了之後，才會開始想辦法來解決問題。

可是，成功者卻不是如此。他們在別人還在生氣發洩的時候，就開始思考問題的解決方法，所以他們做事的時間比一般人多，因此也才能超越常人，躍上成功的頂端。

有一個小公司，辛辛苦苦地趕了一批貨，交給了一家新開發的客戶，沒想到交貨之後，卻遲遲等不到客戶將貨款匯來。

因為年關將近，公司急需這筆款項應付開銷，所以在等了兩個星期後，老闆決定親自到客戶的公司拜訪，詢問為什麼貨款還沒有支付。

老闆在該公司等了一段時間之後，對方負責處理這批貨的人才出現，並且交給他一張可立即兌現的現金支票。

老闆拿著客戶開出的現金支票趕到銀行，希望能夠立刻兌換成現金，準備過年的時候應急用。

但是，當他將支票交給銀行的櫃檯小姐時，對方卻告訴他，這個帳戶已經有很長一段時間沒有資金往來了，而且戶頭內的存款也不足，所以他的支票根本無法兌現。

老闆明白是那個客戶故意耍詐，想要刁難他，原本他想立刻衝回客戶的公司和他大吵一架。

但是，這個老闆一向秉持著「和氣生財」的經營原則，很快便壓下自己的怒氣，向銀行的櫃檯小姐陳述了自己的窘況，並詢問這張支票之所以無法兌現，到底差了多少錢？

由於老闆的態度很誠懇，櫃檯小姐便熱心地幫他查詢。查詢的結果是，戶頭內只剩下九萬八千元，跟他的支票金額只差了兩千元。

正如老闆所料，這個客戶是存心和他過不去。所以，老闆靈機一動，從身上拿出兩千元，請櫃檯小姐幫他存到客戶的帳號裡，補足支票的面額十萬元後，再將支票軋進去。

就這樣，終於讓他順利地領到貨款了。

照理來說，這位老闆當然可以理直氣壯，怒氣沖沖地跑到客戶的公司去抱怨，但是他卻沒有這麼做。

因爲他知道，要是他這麼做的話，不但浪費自己的時間，而且也會因此永遠失去這個客戶了。

所以，他寧願把時間花在解決問題上，而不用情緒來製造新的問題。

面對不如意的際遇，應該試著改變應對態度。懂得放下內心那些偏執的臆想與負面情緒，人才能在艱困的環境中順利解決問題！

下一次當你遇到問題的時候，先別急著生氣，心平氣和地想一想，如果生氣對解決問題有用的話，那麼再生氣也不遲。

遇到攻擊，不妨以幽默還擊

當別人以不友善的態度或言語來對待你時，如果能以幽默的態度來回應，那麼你得到的將不會是羞辱，而是別人對你的深刻印象。

在人際關係中，學習如何運用幽默是很重要的。不是每個人都會以友善的態度對待你，所以懂得運用幽默感，就能夠在別人對你不友善的批評或攻擊時，在不傷害彼此的和氣，又能維持自己尊嚴的況下，充分地予以反擊。

紀曉嵐五十五歲的時候，晉升為內閣大學士兼禮部侍郎。因為紀曉嵐專門打擊貪官，朝廷中有很多人對紀曉嵐的升官感到不滿和眼紅，於是一些平時和紀曉嵐不合的大臣，便以慶賀他升官為名，擺了一桌酒席請他吃飯，事實上是想藉機羞辱他一番。

正當大家吃到一半，酒席間突然跑來了一隻狗。

其中一位御史逮到機會，就故意指著狗問紀曉嵐說：「請問紀大人，你看那隻是狼（侍郎）是狗？」

紀曉嵐當然明白御史是有意在羞辱他，但是，他並沒有生氣，不慌不忙地回答：「是狗。」

席間有一位尚書問他：「你怎麼判斷那是隻狗呢？」

紀曉嵐故意慢慢地說：「狼與狗不同的地方有兩點：第一個不同，是先看牠的尾巴是不是上豎，上豎（尚書）就一定是狗，不上豎就是狼！」

紀曉嵐的話弄得尚書十分尷尬，無言以對。

紀曉嵐接著又說：「第二則是從牠吃的東西來分辨。大家都知道狼的野性十足，但就算是肚子餓了，也不是什麼都吃；可是，狗就不一樣了，餓的話則遇肉吃肉，遇屎（御史）吃屎！」

紀曉嵐的幽默不但使自己免於被羞辱，還狠狠地反擊了對方一頓。

當別人以不友善的態度或言語來對待你時，其實目的只是要讓你下不了台而已，如果你真的因此而嘔氣的話，不但達到了他的目的，其他人也會開始對你產生負面的評價。

這個時候，如果能以幽默的態度來回應，甚至像紀曉嵐這樣加以回敬，那麼你得到的將不會是羞辱，而是別人對你的深刻印象。

別當盲目的毛毛蟲

如果你對現在的生活不滿意，那麼不妨鼓起勇氣，挑戰一下未知吧！說不定，當你跨出原有的圈圈時，更美好的生活就會出現在你面前。

無論任何動物，只要滿足於現狀，就很難再超越目前的生活環境，長久下來，甚至會面臨絕種的危機。

其實不只是動物，人類也是如此，達爾文在著名的《演化論》中提出「物競天擇，適者生存」的觀念，便很清楚地解釋了這個現象。

因此，我們必須時時提醒自己，停頓便等於落後，只有勇於嘗試，才能開創更好的生活。

法國科學家約翰．法伯曾經做了一個著名的「毛毛蟲實驗」。這位科學家所選擇的毛毛蟲，具有跟隨的習性，總是會盲目地跟著前面的毛毛蟲走，不會隨意脫離隊伍。

這個實驗是先把幾隻毛毛蟲放在花盆的邊緣，讓毛毛蟲們排列好，在花盆的邊緣圍成一圈，然後在離花盆不遠的地方，撒一些毛毛蟲喜歡吃的松針做為誘餌。

只要領隊的毛毛蟲開始移動，所有的毛毛蟲便一個接著一個地跟著後面爬。爬了一圈又一圈，一個小時過去了，兩個小時過去了，接著一天過去了，這些毛毛蟲們還是不停地圍著花盆打轉，沒有一隻毛毛蟲會脫離隊伍，往不遠處的食物前進。

一連走了好幾天，這些毛毛蟲們終於因為飢餓和精疲力盡，接二連三的陣亡了。其實，只要其中有任何一隻毛毛蟲肯轉換方向，勇於嘗試新辦法，那麼牠們很快就能到達目的地，而不會盲從無知地死去了。

俄國作家克雷洛夫曾說：「有天分而不持續運用，天分一定會消退。如果你不掌握向前邁進的速度，那麼你將在慢性的腐朽中逐漸衰滅。」

確實如此，唯有經常動腦思考，勇於面對挑戰，才會被這個日新月異的社會淘汰，才能找到全新的道路。

其實，絕大多數的成功人士，並不見得比一般人更聰明，他們之所以成功的原因，有時只是擁有敢於向未知挑戰的勇氣而已。

所以，如果你對現在的生活不滿意，老是在跟自己嘔氣，那麼不妨鼓起勇氣，挑戰一下未知吧！

說不定，當你跨出原有的圈圈時，更美好的生活就會出現在你面前。

頭腦比拳頭更好用

遇到蠻橫不講理的人，懂得運用智慧，才是避免爭執，同時又能解決問題的好方法。

雖然大家都知道以禮待人是一種高尚的美德，可是，並不見得每個人都有這樣的修養。

遇到蠻橫不講理的人，對付他們最好的方法便是敬而遠之，如果眞的無法避開，那麼只好運用智慧，使他們知難而退。

總而言之，硬碰硬絕對不是最好的辦法。

回教民族流傳著一則有趣的故事：阿凡提是村裡最聰明的人，專門幫助貧窮的村民，來對付村中壓榨窮人的富翁巴依。

巴依為了報復阿凡提，有一天，他把阿凡提叫到自己家裡，對他說：「阿凡提，大家都說你是最聰明的人，那麼請你猜猜我和我妻子下棋到底是誰輸誰贏？要是猜對了，我就給你一個元寶；要是猜錯了，我就要打你二十皮鞭。」

阿凡提答應了巴依的條件，於是當場找了一張紙，在上面寫著：「你贏她輸」四個字。

巴依雖然不明白阿凡提為什麼要寫給他看，但下棋時還是故意輸給了妻子。巴依很得意地對阿凡提說：「你猜錯了，我要打你二十皮鞭！」

阿凡提笑笑地回答：「你錯了，我才是對的！」說完，阿凡提在紙上加了幾筆，句子就變成：「你贏她？輸！」

巴依看完，無話可說，但他還是不服氣，要求再猜一盤。

阿凡提答應了巴依的要求，也一樣在紙上寫著相同的四個字，這一次，是巴依贏了他的妻子，阿凡便提在紙上加了兩筆，句子就變成了：「你贏，她輸！」

巴依非常生氣，他對阿凡提說：「再猜最後一次！這次你要是猜對的話，我一定會把三個元寶全部送給你；但是，如果猜錯了的話，那就別怪我手下無情了！」

阿凡提回答：「我可以答應你，不過你一定要說話算話。」

這一次，巴依故意和妻子下成平手。阿凡提不慌不忙地拿出答案給巴依看，上面寫著：「你贏？她輸？」

巴依的詭計最終還是落空了，只能眼睜睜看著阿凡提高高興興地拿著三個元寶回家了。

在日常生活中，每個人都有可能遇到像故事中的富翁巴依這樣，不講理又愛仗勢欺人的人。

遇到這種人的時候，如果你也採取相同的態度來回應的話，等於是在跟自己嘔氣，結果只會造成兩敗俱傷。

所以，懂得運用智慧，才是避免爭執，同時又能解決問題的好方法。學學阿凡提的智慧吧！

笑臉，就是成功的利器

良好的態度，才能給人留下良好的印象，如果想在工作上有更好的成績，別忘了，笑臉就是你最好的工具。

作家霍姆斯曾說：「笑聲和和淚珠，都是用來轉動情感的輪子，不同的是，一個用風力，一個用水力。」

威廉·懷拉是美國人壽保險業的頂尖業務員，年薪高達百萬美元。爲什麼他能擁有這麼高的年收入呢？

秘訣就在於他擁有一張令顧客無法抗拒的笑臉，他的笑容能讓顧客產生信任和好感。但是，大家可能不知道，他那張迷人的笑臉並不是與生俱來，而是長期訓練出來的。

威廉原本是美國家喻戶曉的職業棒球選手，在他四十歲的時候，因為體力衰退而被迫從運動場上退休。

離開體壇的威廉必須重新尋找出路，於是他到一家保險公司應徵推銷員。他心想，以他在美國民眾心目中的知名度，錄取應該是沒有問題的，但是卻沒想到，結果竟然是對方的斷然拒絕。

保險公司的人事經理對威廉說：「保險公司的業務員必須有一張能使顧客信賴的笑臉，雖然你的知名度很高，可是你卻沒有這種特質。」

威廉並沒有因此而洩氣，反而下定決心，要讓自己成為一個能使顧客產生信賴感的業務員。於是，他每天在家裡放聲大笑，他的鄰居們都以為他因為失業而導致精神失常；為了避免鄰居的誤解，他改躲在廁所裡練習。

過了一段時間之後，威廉去見人事部經理，向他展現學習的成果，可是經理卻仍然搖搖頭對他說：「不行。」

威廉仍然不放棄，還是每天不間斷地繼續苦練。他開始收集許多公眾人物的照片，好隨時揣摩他們的表情，甚至還買了一面與身體同高的大鏡子，努力地練習自己的肢體語言。

經過一段時間的練習之後，有一天，威廉在家附近散步時，正巧碰到社區的管理員，於是便很自然地跟管理員談天說笑。臨走之前，管理員很高興地對他說：「懷拉先生，你今天看起來跟過去不太一樣了喔！」

這句話使威廉的信心大增，他又去找保險公司的經理。經理看了威廉的表現後，終於對他說：「你及格了。」

英國有句諺語說：「笑就是力量的同胞兄弟。」

業務員是一個公司在外形象的代表，因此，要使顧客對自己的公司有良好的第一印象，就不可以忽視對業務員的笑容訓練。

其實，每個行業都一樣，良好的態度，才能給人留下良好的印象，如果想在工作上有更好的成績，別忘了，笑臉就是你最好的工具。

單純，也是一種智慧

當你遇到你認為無法解決的問題時，不妨轉換一下自己的心態，
用孩子的單純來看問題，問題也許就能迎刃而解！

很多人都認爲小孩子因爲年紀小，心智的發育還不夠成熟，因此總會低估小孩子的聰明才智，以爲他們什麼都不懂。

不過，也正因爲他們還沒有受到社會規範或人際關係的限制，所以他們的觀察往往比大人還要敏銳，能夠一針見血地找出問題的核心。

印度有個流傳以久的民間故事。

傳說中，有個國王每天接受大臣們的朝拜後，總喜歡考大臣們一些莫名其妙的問題，讓大臣們十分頭痛。

這一天退了朝，國王帶著大臣們來到御花園，指著花園裡的水池說：「你們看到那個水池了嗎？你們有誰能說出水池裡的水共有幾桶？」

大臣們面面相覷，沒有人回答得出來。這時候，花園裡突然出現了一個小孩，原來他是某個大臣的孫子，因為長得聰明伶俐，王后非常喜歡他，所以常常叫他到宮裡來玩。

這個小孩看見大臣們一個個對著水池發楞，就問他爺爺發生了什麼事。當他知道國王的問題之後，馬上說：「這有什麼難的？」

國王聽了小孩的話，心想連大人都回答不出的問題，他怎麼可能會知道，於是便對小孩說：「那你就回答吧。」

小孩說：「這很簡單，只要看是多大的水桶就行了。如果水桶和水池一樣大，那麼池裡就是一桶水；水桶是水池的一半大，那麼池裡就是兩桶水；如果水桶是水池的三分之一，那池裡就是三桶水。以此類推，問題不就解決了嗎？」

這個小朋友的回答不但得到國王的重賞，眾位大臣也都自嘆不如。

故事裡的大臣們之所以回答不出來，是因爲他們的想像力和創造力，已經被約定俗成的常識所限制，而小孩因爲沒有被太多的社會規範束縛，所以能靠著自由的想像力和反應，解決這個大人眼中的「難題」。

因此，當你遇到你認爲無法解決的問題時，不妨轉換一下自己的心態，用孩子的單純來看問題，問題也許就能迎刃而解！

累積實力，才會激發潛力

想要激發自己的潛能，就必須一步一腳印地慢慢累積，只有這樣，潛能才會有發展的空間，而失敗機率才能降到最低。

大家都知道挑戰艱鉅的任務可以激發自己的潛能，但是，卻往往忽略了累積實力的重要性。

在基礎能力都還沒有完全具備的時候，貿貿然地就向困難挑戰，其實是一種無知的表現。

所謂「萬丈高樓平地起」，如果自己的基礎還沒打好，那麼潛能又要從哪裡出現呢？

有一個體育記者在訪問一位金牌游泳教練時，問到了這位教練的訓練方法。

教練回答：「如果一個選手開始時只能游二十二公尺，可是游泳池的長度是二十五公尺，那麼我會叫他先從淺水區開始，再向深水區前進。」

記者聽完之後，反問教練：「可是，要是他只能游二十二公尺，游到最後的時候，剛好是池水最深的地方，這樣不是非常危險嗎？」

教練回答記者說：「這是選手進步最快的方法。當一個選手由淺水游向深水，開始游的時候就知道要保存體力，等游到深水區再拼命向前衝刺；因為最後是在深水區，要是游不動的話就會沉下去，所以，一定會發揮最大的潛能。如此一來，即使原來只能游二十二公尺，到時候自然也能游完整個游泳池。」

教練接著說：「相反的，如果是從深水游向淺水，開始的時候一定會拼命游，等到力氣不夠了，發現自己已經在淺水區，那麼一鬆懈下來，就算原本能游二十二公尺，這時恐怕連二十公尺也游不完了。」

二十二公尺的游泳距離，都是經過一公尺一公尺慢慢累積出來的；正因爲不斷地累積，所以最後才能發揮出超越二十二公尺的潛能。

從游泳教練的這番話，我們可以得知，想要激發自己的潛能，就必須一步一腳印地慢慢累積，只有這樣，你的潛能才會有發展的空間，而失敗機率才能降到最低。

你要五分鐘還是五十年？

趕快把生命流程中，某個瞬間發生的過錯忘掉吧！如果你不能釋懷，那麼這些令人懊惱的記憶，就會緊緊纏繞著你。

人總是比較容易記住不愉快的事情，對於快樂的事情反而忘得比較快，加上現代人的生活壓力越來越大，所以不快樂的人也就越來越多了。

要改變這種情況其實不難，只要將快樂的記憶時間拉長，縮短不愉快的記憶時間，久而久之，你的生命就會籠罩著快樂與和諧。

有一對白髮蒼蒼的老夫婦，每天早上總是會手牽著手，一起在住家附近的公

園散步，他們已經這樣散步了快五十年。

這一天，是他們兩人結婚五十週年的日子，老先生還是一樣牽著老太太的手，在公園裡散步。

走著走著，老先生突然放慢腳步，緩緩對老太太說：「有一件事我藏在心裡很久了，一直想告訴妳，卻不敢說出口。」

「你有什麼事想說？」老太太很疑惑地問。

老先生深吸了一口氣，然後說道：「二十年前，同樣在這個地方，我曾經牽過另外一個女人的手，但是，當時我只牽了五分鐘而已。雖然只有短短五分鐘，事後我還是覺得很後悔，一直到現在，回想起來，我對妳還是覺得很抱歉。」

老先生很快把話說完，不知道老太太會有什麼反應，覺得很緊張。

沒想到，老太太卻笑著說：「我還以為是什麼大不了的事呢！趕快把那五分鐘的不愉快忘掉吧！對我來說，跟我們五十年幸福的婚姻比起來，那五分鐘根本不算什麼啊！」

五分鐘和五十年哪一個時間比較長？

這是連小孩子都能回答出來的問題，可是對於故事裡的老先生而言，他的五分鐘卻遠遠超過五十年的時間。

老先生由於內疚，只記得五分鐘的錯誤和後悔，因此忽略了他和他太太之間漫長而美好的五十年的歲月。

你是不是也跟故事中的老先生一樣，只記得五分鐘，而忘了五十年？

趕快把生命流程中，某個瞬間發生的過錯忘掉吧！如果你不能釋懷，那麼這些令人懊惱的記憶，就會緊緊纏繞著你，一起走進你的未來。

7.
PART

用機智來化解尷尬

要成為一個好的服務人員，不只要了解顧客的心態，現場的反應和情況的掌握，甚至幽默感，都是必須具備的條件。

沒有勝算，就設法拉長戰線

成功，並不意味著不顧一切代價地蠻幹，而是衡量自身的能力，對外在的挑戰進行有效抗爭。

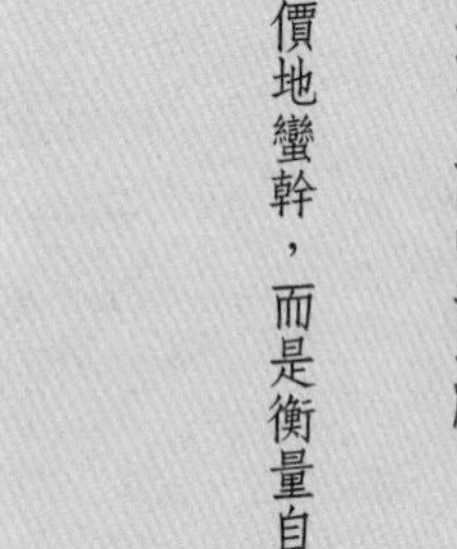

作家賀伯曾經勉勵我們：「雖然你無法改變自己的處境，但是你卻可以改變自己的心境。」

人生總有無可奈何的時刻，當你沒有能力改變自己的處境時，唯一可以改變的就是你的心境。

有一句話說：「留得青山在，不怕沒柴燒。」當正面衝突沒有勝算的時候，避開鋒頭可能會是比較好的方法。

有些人背脊剛硬，事事不肯屈服，很容易讓對手產生除之而後快的敵意。背脊骨一旦被打斷，人也活不久，動不了了。這種時候，不妨轉換念頭：只要能比對手活得久，就能得到另一種成功。

在惡政統治時期，埃格爾先生的家門口來了一名特務。特務手上持有一份文件，表示這座城的新任統治者賦予他權力，只要他的腳踏進哪一棟房子，那棟住宅就合法歸他所有；凡是他要什麼食物，那樣食物就得屬於他；他需要哪個人幫手，那個人就得聽他使喚。

就這樣，那名特務成功地進駐到埃格爾先生的家裡，埃格爾先生不僅必須為他準備食物，提供他換洗衣物，還要服侍他睡下。

那名特務在入睡之前問埃格爾：「你願意服侍我嗎？」

埃格爾沒有說話，只是幫他蓋上被子、趕走蒼蠅，在他房門口守衛。

這樣的日子，埃格爾過了七年，七年裡，他一句話也不說。

七年後，成天吃飽睡、睡飽吃的特務，醒來後除了發號施令以外什麼都不做，不只成了一個大胖子，最後還因病一命嗚呼。

就在那一天，埃格爾先生將那個胖死在床上的特務以被子包裹，丟出屋外，然後將整棟屋裡的上上下下全都刷洗乾淨，連牆壁都重新粉刷過一遍。

就在一切全都整理完畢之後，他坐在沙發上，輕輕嘆了一口氣，而後堅定地說：「不，我不願意。」

在時勢所逼的情況下，沒有本事逞英雄的人，暫時忍氣吞聲、忍辱負重，是爲自己留下活路的可行方法。

就好像故事裡的埃格爾先生，他選擇忍下一切的怒氣，只求讓自己保有一線生機，雖然身體被奴役，但至少精神是自由的。當那名特務命亡，他就得以重新得回他自己的一切。

我們不知道生命裡的難關會在何時出現，也不知道會是什麼樣的難關讓我們難過且痛苦，但是，有一件事是確實知道的，那就是撐過了眼前的難關，就能夠緩解身體與心靈的壓力，獲得喘息的空間。

美國激勵作家威廉．丹佛曾說：「有勇氣的人並不是沒有恐懼，關鍵在於他戰勝了恐懼，用積極的生活去挑戰恐懼。」

成功，並不意味著不顧一切代價地蠻幹，而是衡量自身的能力，對外在的挑戰進行有效抗爭。

贏的人，經常是支撐得最久的人。沒有勝算，就別正面衝突，不如以時間換取空間，拉長戰線，拖垮敵人戰力，最後便能擁抱成功。

珍惜時間，成功才會屬於你

成功並不是匆匆飛逝的，只不過它願意等待的對象，是那些願意用時間來努力的人。

歷史上所有傑出的成功人士，共通的特質就是能夠掌握時間，並且在有限的時間內發揮最大的力量。

因爲，成功的背後，是許多困難和挫折的累積，如果你無法在有限的時間內一一加以克服，那麼成功當然也就不屬於你了。

法國名作家巴爾札克的生活作息十分規律，而且相當嚴格地遵循自己制定的作息時間。他的作息表是這樣安排的。

早上八點一直到下午五點：除了早餐和午餐之外，其餘時間都拿來從事校對和修改自己的作品。

下午五點到晚上八點：在晚餐時間之後，外出辦理一些作品出版之類的相關事務，跟親朋好友的聚會也都訂在這個時段之內。這段時間，是屬於個人的休憩時間。

八點回到家後，隨即上床就寢，半夜十二點的時候準時起床。這一段時間是巴爾札克用來寫作的黃金時間，就這樣一直不停地寫作，直到第二天的早上。

巴爾札克每天只睡四個小時，雖然居住在繁華的巴黎，但是他仍然能夠拒絕巴黎的喧囂和誘惑。

正因為如此嚴格要求自己，在他有生之年，總共完成了九十六部小說，還撰寫了一部劇本《人間喜劇》。

巴爾札克一生最大的志願是：用筆征服拿破崙所不能征服的地方。最後，他也完成了這項志願。

正因爲巴爾札克能夠善用自己的時間，所以他才能完成這麼多的傑作，得到諾貝爾文學獎的肯定，並且流芳百世。

由此可知，成功並不是匆匆飛逝的，只不過它願意等待的對象，是那些願意用時間來努力的人。

所以，如果你只會坐而言，不知起而行，放任時間一分一秒地流逝，那麼成功對你而言，將永遠是一個無法得到、遙不可及的夢想。

遠見，就是成功的關鍵

只要你的眼光夠遠，你就會發現，原來成功並不困難，到處都有成功的機會。

儘管當前整個大環境都處於不景氣的氣氛之下，但是，仍然有不少人可以在不景氣之中獲利。

這些逆勢成長的獲利者都有一個共通點，就是對周遭環境擁有敏銳的觀察力，因爲隨時隨地關心環境的變化，所以他們能培養出遠見，也才能趕在別人發現契機之前獲得利益。

很多年以前，美國穿越大西洋海底的一根電報電纜因為破損而需要更換。

這則消息並沒有引起大眾的注意，但有一個珠寶店的老闆卻十分重視這則消息，並且毅然地買下了這根報廢的電纜。

沒有人知道為什麼這個珠寶店的老闆，會對一根報廢的電纜有興趣，街坊鄰居們議論紛紛，認為他一定是瘋了，才會做這種異想天開的事。

珠寶店老闆不理會他人的批評，他將報廢的電纜洗淨弄直，然後剪成一小段一小段的金屬，再用珠寶裝飾起來，作為紀念品出售。

「大西洋海底的電纜」，有什麼比這個更有價值的紀念品呢？原本乏人問津的報廢電纜，轉眼之間就成為炙手可熱的超級商品，珠寶店老闆因此賺了很多錢，別人也開始對他另眼相看。

後來，珠寶店老闆又用這些賺來的錢，買下了歐仁皇后的一顆鑽石。這顆淡黃色的鑽石十分稀少，非常地珍貴，大家都在猜，他買下這顆鑽石是為了要自己珍藏，還是要以更高價轉手賣給別人？

這個珠寶店的老闆再度出乎大家的意料，他利用這顆鑽石籌備了一個珠寶展

示會，讓來自世界各地的人，都有機會一睹「皇后的鑽石」的風采。這個展示會非常成功，珠寶店的老闆從此也奠定了他在珠寶界的地位。

這個珠寶店老闆，就是享有「鑽石之王」美譽的美國商人查爾斯・劉易斯・蒂芬尼。

只要你的眼光夠遠夠精準，你就會發現，原來成功並不困難，到處都有成功的機會，只是一般人不懂得如何善用罷了。

成功的關鍵就在於掌握先機，也就是懂得運用看似不起眼的機會，而遠見就是幫助你獲得機會最好的武器。

成功不是裝飾品

如果你的成功沒有人為你歡呼，你的喜悅沒有人與你一同分享，那麼，這個成功也就失去了原有的意義，只不過是一個虛有其表的裝飾而已。

英國作家約翰遜曾說：「大多數人對名聲都有一種渴求，他們獲得的越多，就越怕失去。」

人在得意的時候，一不小心，很容易就被隨之而來的喜悅沖昏了頭，而忘了那些曾經幫助自己的人。

其實，成功之所以讓人喜悅，是因爲有可以分享的人存在，如果只有自己一個人獨享，沒有人爲你的成功感到驕傲和歡呼的話，這種成功不僅孤獨，也失去

了原有的意義。

一九四五年九月二日，美國五星上將麥克阿瑟在美軍軍艦「密蘇里號」上，代表盟軍簽署了日本的投降書。

在簽字進行的時候，麥克阿瑟做出了一個讓人吃驚的舉動，他讓陸軍少將強納森．溫斯特和陸軍中校亞瑟．帕西瓦爾站在自己身後，一起接受這份最高榮譽。這兩位都是久經沙場的老將，一九四二年日本侵佔新加坡時，他們因為寡不敵眾，為了避免更多士兵無謂的犧牲，所以放棄抵抗，成為俘虜。在簽字的時候，兩個人才剛剛從戰俘營裡被釋放，回到部隊。

接著，更令人驚訝的是，麥克阿瑟一共用了五枝筆，來簽署美日兩種文字的投降書：第一枝筆在寫完一個字之後，就轉身送給溫斯特，第二枝筆則在寫完另一個字之後送給了帕西瓦爾。

剩下的三枝筆，則在完成了投降的所有手續之後，分別贈送給美國政府檔案館、他的母校西點軍校，以及自己的妻子。

也就是說，麥克阿瑟將他的成功，與所有幫助過他，以及有所貢獻的人一起分享。

人之所以想要成功，其中一個重要因是希望別人對自己刮目相看，另外一個原因，則是想讓家人和朋友為自己感到驕傲。

因此，如果你的成功沒有人為你歡呼，你的喜悅沒有人與你一同分享，那麼，這個成功也就失去了原有的意義，只不過是一個虛有其表的裝飾而已。

發明，是一分創意加上九分毅力

除了對周遭的環境擁有敏銳的觀察力之外，堅持到底的毅力更是成功的關鍵，因為任何事情都不可能一步登天，必須先歷經失敗的磨練。

任何一種發明，出發點都是爲了滿足人類的需要，因爲想讓生活更便利，所以才有發明的動力，也才會有科技的產生。

因此，不是只有科學家才能發明，如果你能隨時注意、觀察自己周圍的環境，找出大多數人共同的需要，你也能成爲一個發明家。

在美國的佛羅里達州，有一位名叫律薄曼的畫家，因為沒有名氣，所以生活過得很辛苦。

他窮到沒有畫筆，只能依靠一枝鉛筆來畫畫，再加上這是他唯一的一枝鉛筆，他必須很珍惜地使用，到最後，鉛筆已經被削得不能再短了。

有一天，律薄曼畫畫時出現了一個錯誤，可是卻四處找不到橡皮擦，等到好不容易找到橡皮擦時，他又忘記把鉛筆放到哪裡去了。於是，當他終於找到鉛筆時，為了防止鉛筆和橡皮擦再度遺失，索性把橡皮擦用鐵絲綁在鉛筆的尾端。

這個方法雖然不錯，但是因為鐵絲並不牢固，所以橡皮擦在鉛筆移動時仍然會一直掉落。

律薄曼為了解決這個問題，想了好幾天，試了各種方法，終於讓他想出了一個好主意。

他放棄使用鐵絲，改用小塊的薄鐵片，然後把橡皮擦切成小塊放在鉛筆的尾端，再用鐵片圍繞著包起來。

這項發明確實給他帶來了很大的便利，於是，他將這項發明申請了專利，再把這個專利權賣給一家鉛筆製造公司。

就這樣，律薄曼因為自己的方便，而賺進了五十五萬美元。

發明，是一分創意加上九分毅力。

發明家之所以能創造出這麼多便利人類生活的物品，除了對週遭的環境擁有敏銳的觀察力之外，堅持到底的毅力更是成功的關鍵，因爲任何事情都不可能一步登天，必須先歷經失敗的磨練。

如果半途中就因爲受不了困難而放棄的話，那麼再好的創意，都只是一種想法而已，沒有落實的可能。

用機智來化解尷尬

要成為一個好的服務人員，不只要了解顧客的心態，現場的反應和情況的掌握，甚至幽默感，都是必須具備的條件。

由於生活品質的提高，服務業在現代社會中所佔的比例越來越高，而且相互的競爭也越來越激烈。

要想在競爭激烈的市場中脫穎而出，除了完善的硬體設備之外，所有員工的服務態度，更是影響成敗的眞正的關鍵。

有一個五星級的豪華飯店徵求一名男性服務生，有三個人前來應徵。面試的

時候，每個人都聲稱自己的反應最靈活，最知道如何服務客人。

為了考驗哪一個才是真正出色的服務生，飯店經理出了一道題目，問他們：「如果你在檢查客房的時候，不小心開錯了房門，正好看見房裡的女客人在換衣服，而她剛好也看到你，這個時候，你該怎麼辦？」

甲回答：「很簡單。我會立刻鞠躬，對客人說：『小姐，真是對不起，我走錯房間了。』然後馬上關門退出。」

乙回答：「我會立刻蒙住眼睛，對客人說：『小姐，很抱歉，但是我什麼都沒看到。』然後趕快關門離開。」

丙聽完甲和乙兩人的回答後說：「如果是我，我會這麼說：『先生，對不起，我視力不好，能不能請你告訴我這是哪裡？謝謝。』」

聽完三個人的回答之後，經理決定錄取丙，成為這個飯店的服務生。

丙之所以會被這家飯店錄取，是因爲他能夠機智地掌握當時的情況，做出適當的反應。

試想，女客人在換衣服的時候被陌生人看見，情形一定非常的憤怒和尷尬；可是，丙的回答不但表達了歉意，話語中「視而不見」的機智，也同時淡化了尷尬的氣氛。

可見要成爲一個好的服務人員，不只要了解顧客的心態，現場的反應和情況的掌握，甚至幽默感，都是必須具備的條件。

爲人處世，其實也是如此，不是嗎？

獲利，才是理財的最終目的

理財不只是為了保本而已，將資金作正確的運用，並且使其獲利，才是理財的最終目的。

《五卷書》上說：「有財富而不懂得如何妥善運用，從沒有達到目的的角度而言，就等於沒有財富。」

累積財富的目的就是爲了透過金錢的循環，使用在該用的地方，否則財富就失去原本的意義。

諾貝爾獎在每年的十月份，都會由諾貝爾基金會公佈當年的各項得獎者名單。

諾貝爾獎之所以受到全球矚目的原因，除了它代表著為了人類進步，所做出重大貢獻的最高榮譽外，另一個重要原因則是，每個得獎者都可以獲得高達一百萬美元的獎金。

諾貝爾獎每年一共會頒發五個獎項，光是獎金部份，每年就必須支付高達五百萬美元的巨額款項。

這些款項不禁讓人疑惑，諾貝爾基金會的基金到底有多少，怎麼承擔得起每年巨額的獎金支出？

事實上，過去諾貝爾獎的獎金之所以能夠順利支付，除了諾貝爾本人在一百年多前捐出一筆龐大的財產外，最重要的，還是得歸功於諾貝爾基金會的理財有方。

諾貝爾基金會成立於一八九六年，由諾貝爾本人捐獻了九百八十萬美元。該基金會原本成立的目的，是把款項用於支付獎學金，所以基金的管理不容許發生任何差錯。

因此，基金會在成立初期的管理章程中，就明確地制定了基金的投資範圍，

並且限定在安全而且收益固定的投資標的上。例如，基金的投資項目多半是銀行存款與公債，而不投資於股票或房地產，因為那樣會使基金處於價格漲跌的風險之中。

這種保本重於報酬率、安全至上的投資原則，的確是相當穩健的作法。但犧牲報酬率的結果是，隨著每年獎金的發放與基金會運作的開銷，在歷經五十多年之後，低報酬率卻使得諾貝爾基金流失了將近三分之二；到了一九五三年，該基金的資產總值甚至只剩下三百多萬美元而已！

眼看著基金的資產就要消耗殆盡了，諾貝爾基金會的理事們立刻意識到提高投資報酬率對財富累積的重要性。

於是，在一九五三年，諾貝爾基金會做出了突破性的改革，著手更改基金的管理章程，將原先只准存放在銀行與買公債的基金，轉向投資於股票和房地產。

這個新的資產理財觀念一舉扭轉了整個諾貝爾基金的命運，在接下來的四十年裡，原本的巨額獎金同樣可以照常支付，而且基金會的運作也一切正常。到了一九九三年，諾貝爾基金會不但將過去的虧損全數賺回，並且更將總資產提昇到兩億七千萬美元。

由此可知，理財不只是為了保本而已，將資金作正確的運用，並且使其獲利，才是理財的最終目的。

別讓長篇大論突顯自己的愚蠢

西方的社交禮節中，有一條這樣的規範：「寧願少說話隱藏自己的愚蠢，也不要多開口來證實你真的愚蠢。」

很多人講話的時候喜歡長篇大論，自以爲如此一來，別人就會認爲自己很了不起，卻不知道這樣的行爲，只會導致別人的反感。

畢竟，在講求效率的現代社會中，沒有人喜歡把時間浪費在冗長又毫無意義的談話裡。

有一個美國人到日本演講，請了一位日本人做他的即席翻譯。

當這個美國人開始演講的時候，他為了測試那位日本翻譯的程度，便一口氣講了十五分鐘的話，然後才停下來請日本人翻譯。沒想到，這位日本翻譯卻只講了一句話就停下來了。

美國人雖然覺得很奇怪，但是也不好意思問，而且見到台下的聽眾反應很熱烈，於是又繼續講了十五分鐘，接著再停下來讓日本人翻譯。

可是，日本人還是一句就講完了。

最後，美國人又講了十分鐘，然後便結束了他的演講，而這位日本翻譯最後也同樣以一句話輕輕帶過。

聽眾聽完了日本翻譯的話，不但全場哄堂大笑，還報以熱烈的掌聲，這一場演講就這樣圓滿地結束了。

那個美國人非常驚訝，想知道這位日本翻譯怎麼這麼厲害，於是便問台下一位會說美語的聽眾，他到底是如何翻譯的。

這位聽眾就對這個美國人說：「剛剛，那個日本翻譯第一句話說的是：『到目前為止，沒有什麼新鮮的事可聽。』第二句是：『我想，到結束之前應該都不

會有什麼可聽。』第三句是說：『我說得沒錯吧！』」

千萬不要以爲自己所說的都是眞知灼見，在別人耳中，也許只是一些了無新意的廢話。

西方的社交禮節中，有一條這樣的規範：「寧願少說話隱藏自己的愚蠢，也不要多開口來證實你真的愚蠢。」

所以，除非你眞的有把握自己能夠言之有物，否則的話，還是盡可能長話短說吧！

差一步，其實差很多

沒有人會希望別人對自己存著「沒關係，反正都差不多」的敷衍態度，不過一旦事不關己時，大多數人卻是抱持著這種想法。

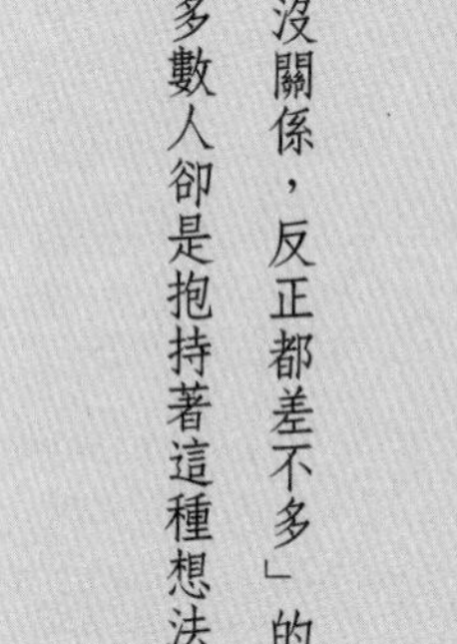

富蘭克林曾說：「小小的疏忽會造成大害，缺個釘子就掉了馬蹄，掉了馬蹄便丟失了馬匹，丟失了馬匹便喪失了騎馬的人。」

胡適的作品〈差不多先生〉，以諷刺的筆法，說明中國人在待人處事上的輕率態度。但是時至今日，當年胡適筆下的「差不多先生」，卻依然存在於現代社會之中。

儘管敷衍了事是人的劣根性，可是，在競爭激烈的現代社會裡，如果你一味

抱持著「差不多就可以」的心態的話，那麼，你也「差不多」要面臨淘汰的命運了。

期中考後，小明帶著英文考卷回家請爸爸簽名。爸爸看了看上面的分數，覺得六十九分雖然不很理想，但也還算可以接受，簽完名之後，就順便把考卷拿給小明的媽媽看。

媽媽仔細地看試卷了之後，非常不高興地把小明叫到面前，指著試卷上的題目對他說：「這一題這麼簡單，你怎麼會寫錯呢？寫對的話不就有七十分了嗎？這分明是你沒有仔細檢查，真是太粗心大意了。」

「哎呀，因為題目太多了嘛！」小明不懂媽媽為什麼那麼不高興，笑笑地對媽媽說：「時間不夠，所以才來不及檢查。」

爸爸也在旁邊幫他說話：「不要對孩子太嚴厲了。只不過少一分而已，沒有關係啦。」

「誰說少一分沒有關係？」

媽媽很嚴肅地對爸爸和孩子說：「以前，爸爸參加大學聯考的時候，如果成績少了一分，就不會考上大學；考不上大學，就不會跟我成為同班同學；沒有跟我成為同班同學，就不會認識我；不認識我，就不會和我結婚；不和我結婚，就不會有你。」

媽媽接著說：「所以，這是很嚴重的問題，怎麼可以說少一分沒有關係呢？做人做事，是不可以這麼馬虎隨便的！」

沒有人會希望別人對自己存著「沒關係，反正都差不多」的敷衍態度，不過一旦事不關己時，大多數人卻是抱持著這種想法。其實，對一個想人生獲得成功的人而言，這種「雙重標準」正是一個非常大的阻礙。

成功不是一蹴可幾的事情，也不可能單憑運氣，如果你想要成功，就得設法改變自己的心態。請先將「差不多，沒關係」改成「差不多，有關係」，畢竟這一步，可能就是你成功的關鍵。

必須記住，成功與失敗往往只有一步的差距，差一步其實差很多。

8.
PART

何必整天患得患失？

有得必有失，有失必有得。得意往往是失意的原因，失意則會成為得意的起點，在得與失之間，又何必太計較呢！

靈活競爭才能出奇制勝

學習並不等於模仿，在學習的過程中加入個人的領悟，配合自身的特長，才能將別人的成功經驗內化成自己的真正實力。

前人的經驗，無論成功或失敗，都可以給我們許多啓示，讓我們得以避開危險、困難，依著安全的策略地圖前進。

然而，許多被前人標示爲絕境之處，並不一定眞的毫無生機，無法超越，而是還沒找到最恰當的方法。

有些困難，乍看之下似乎難以克服，但並不是完全無法突破。假使可以想出辦法，通常就能夠達到出奇制勝的效果。

一八〇〇年，拿破崙第二次攻打義大利，這一次，他決定不再依循一七九六年進軍義大利的南線道路，而是選擇另一條捷徑。這條捷徑必須穿越義大利邊境的天險——阿爾卑斯山，唯一的路口是義大利與瑞士之間的小聖伯納德山口，向來以艱困難行著稱，對於行軍的隊伍來說，更是難上加難。

但是，拿破崙卻認為，自己覺得困難的路徑，敵人也必然會如此想，相對的也會放鬆戒備。因此，他決意實踐自己的名言：「**任何一條小徑，只要山羊能過，軍隊也能過。**」暗中派遣先鋒部隊朝阿爾卑斯山山徑進發。

果然，奧國軍隊統帥梅拉斯並沒有料到拿破崙會做出如此決定，反而將兵力分散在亞歷山大里亞等西南地區，若是法軍選擇南線道路，雙方勢必有一場激戰。不料，排除萬難行軍山隘的法軍，以出乎梅拉斯想像的速度進擊了米蘭，且成功斷絕了奧軍的補給和退路。

拿破崙果然如願在馬倫哥戰役之中，徹底擊潰奧軍。

後來，一八〇五年，拿破崙揮兵進軍奧國，也同樣捨棄一七九七年的波河河谷路線，改走多瑙河河谷。

奧軍主力查理公爵率領九萬五千精兵在波河河谷，卻苦等不到拿破崙軍隊的蹤影，年輕又經驗不足的費迪南公爵則無法抵擋拿破崙行動速捷的大軍，法軍又輕鬆地贏得了勝利。

有很多媒介可以告訴我們成功的案例，也有很多管道可以讓我們了解致勝的秘訣，然而，手握兵書眞的能讓人百戰百勝嗎？

其實不然。若是只會紙上談兵，而不知道依實際的狀況運籌帷幄，空有幾百種戰術，恐怕一項也派不上用場，一種也沒有效果。

拿破崙之所以成功，並不在於他的兵法學得比別人精妙，而在於他懂得變通，懂得反其道而行，最重要的是，他懂得冒險。他懂得在別人不得不放棄的地方多努力一點，支撐久一些，一旦越過了心理上的障礙，人自然會產生更多自信，做起事來也更具戰無不勝的氣勢。

不按牌理出牌，出其不意、攻其不備，自然比別人更容易佔得先機。

我們當然可以大肆地仿效他人成功的作爲，但是學習並不等於模仿，學習是掌握精髓，模仿只是畫虎類犬。在學習的過程中加入個人的領悟，配合自身的特長，才能將別人的成功經驗內化成自己的眞正實力。

山繆．史曼斯說得直接：「不敢形成自己的意見、觀點的人必定是一個懦夫；沒有自己的觀點、意見的人必定是個懶漢；不能形成自己觀點、意見的人則必定是個笨蛋。」

一個人想要成功，絕不能只是依樣畫葫蘆，而是要設法將別人的經驗轉化成自己的養分，並且不斷尋求突破的方法，才能使自己的人生道路暢通。

說服，是化繁為簡的藝術

請先訓練自己的表達能力吧！言簡意賅，才能順利達成說服的目的。

說服的目的，是希望別人能接受自己的想法，所以，如果不能簡單明瞭地表達出自己的意思，那麼便無法達成說服的目的了。

在這個「時間就是金錢」的時代，如何用簡單的話，表達複雜的概念，便是想要成功的人所必須要具備的基本能力了。

一九三九年，美國的經濟學家，也是羅斯福總統私人顧問的薩克斯先生，因

為受愛因斯坦等科學家的委託，希望說服羅斯福總統重視原子能的研究，以便搶在德國納粹之前製造出原子彈。

可是，羅斯福卻因為聽不懂薩克斯艱深生澀的科學論述，對這件事的反應十分冷淡，敷衍地回答：「嗯，這很有趣，不過現在政府干預這件事還太早。」

薩克斯準備告辭時，羅斯福為了表示歉意，邀請他第二天一起共進早餐。這是薩克斯最後一次說服總統的機會了，薩克斯深知說服一定要成功，因為當時德國已經在加緊研製原子彈了。

第二天早上，兩人在用餐時，羅斯福對薩克斯說：「現在開始，不許談愛因斯坦，一句也不許說，明白嗎？」

薩克斯說：「那我就說一個歷史故事好了。英法戰爭時期，在歐洲大陸上不可一世的拿破崙，卻在海上屢戰屢敗。這時，一位年輕的美國發明家富爾頓，向拿破崙建議把法國戰艦上的桅桿砍掉，撤去風帆，裝上蒸汽機，再把木板換成鋼板。可是，拿破崙卻沒有採用富爾頓的建議，還把富爾頓趕了出去。歷史學家在評述這段歷史時都認為，如果當時拿破崙採用了富爾頓的建議，那麼法國十九世紀的歷史就要重寫了。」

羅斯福聽完薩克斯的話，沉思了幾分鐘，然後說道：「你贏了！」

美國便因此揭開了製造原子彈的序幕。

你的表達能力夠不夠清晰呢？再好的建議，也要別人完全了解你的表達時，才有可能會接受你的想法。

所以，想要說服別人，請先訓練自己的表達能力吧！說服是化繁爲簡的藝術，言簡意賅，才能順利達成說服的目的。

用「逆勢操作法」解決問題

如果大家都能心平氣和地，以智慧來解決問題，那麼衝突和爭執才能減少，社會也才能避免更多新問題的產生。

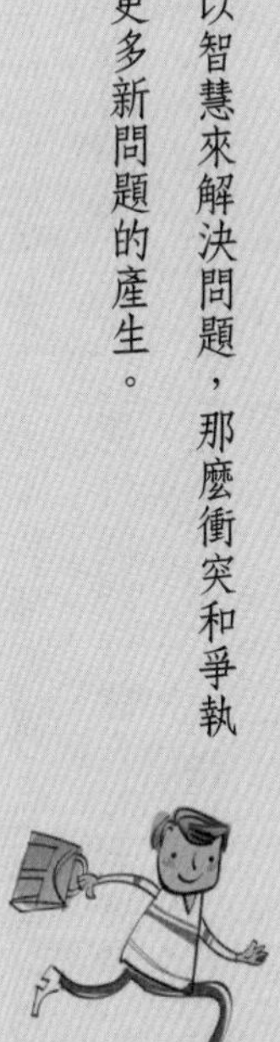

不論是在工作場所，或者在一般的日常生活中，我們都免不了會有與他人發生爭執的情形。

遇到爭執的時候，不論誰對誰錯，如果只知道以強硬的態度面對，那麼爭執不但不容易化解，甚至可能還會樹立更多的敵人。

有一個剛剛退休的老人在鄉下買了一棟房子，打算在這裡安安靜靜地度過自己的晚年。

剛搬進來的第一個禮拜，老人每天都過著清靜的日子。但是這種安靜的生活才過了沒多久，不知道從哪裡冒出三個青少年，開始在這附近亂踢所有的垃圾桶。

他們對這個遊戲感到樂此不疲，製造出來的噪音卻使老人十分困擾，於是老人決定要跟青少年們好好地談一談。

「年輕人。」老人笑瞇瞇地對這些年輕人說：「我看你們好像玩得很開心的樣子，這樣好了，如果你們願意每天過來踢垃圾桶，我就給你們每人一塊錢。」

這三個年輕人聽了很高興，有得玩還有錢可以拿，真是太棒了！他們便更使勁地踢所有的垃圾桶了。

過了幾天，這個老人面帶愁容地去找這些年輕人，對他們說：「因為通貨膨脹的關係，我的存款開始變少了。從現在起，我只能付你們每個人五毛錢了。」

錢變少了雖然使年輕人不太開心，但他們還是接受了老人的錢，依舊每天固定來踢垃圾桶。

一個禮拜之後，老人再去找這些年輕人，對他們說：「實在很抱歉，我最近

都沒有收到養老金的支票，我每天只能給你們兩角五分錢了。」

「什麼！只有兩角五分錢？」一個年輕人在聽完老人的話之後大叫：「你以為我們會為了這區區的兩角五分錢而浪費時間在這裡踢垃圾桶嗎？不可能的，我們不幹了！」

從此以後，這些年輕人再也沒有來製造噪音，老人又可以繼續過著他希望的愉快日子了。

故事中的老人如果選擇以強硬的方式來處理問題，就算問題可以解決，但是接下來的後果，卻可能比原本的問題還要嚴重。

老人因爲想到了這一點，所以選擇以「逆勢操作」的方式來處理，如此一來，不僅有效，還可以徹底地解決問題。

在現實生活中，我們也應該如此，如果大家都能心平氣和地以智慧來解決問題，那麼，人與人之間的衝突和爭執才能減少，社會也才能避免更多新問題的產生。

掌握效率，才能贏得先機

在這個「時間就是金錢」的時代，除了比付出、比努力之外，更重要的是比智慧。只要你擁有比他人更多的時間，你就能比他人擁有更多成功的機會。

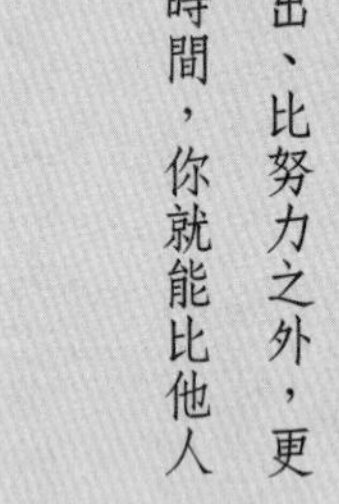

每個人都知道，在市場上，哪家公司先推出新的產品，那麼這家公司的產品就能獲得比較高的市場佔有率。

所以，若不想成爲市場中的「跟隨者」，「掌握先機」便成了最關鍵的致勝原因。至於掌握先機的首要條件，就是必須先掌握效率。

在德國，多數農民都以馬鈴薯為他們的主要農作物。但是，當馬鈴薯收成的

時候，有一件事情是最令農民傷腦筋的，那就是農民必須將馬鈴薯依形狀的大小，分成大、中、小三類，經過分類挑選的馬鈴薯，才能賣到比較好的價錢。

可是，要將馬鈴薯分類卻不是一件容易的事，因為馬鈴薯的收穫量多，要將它們全部分類完全是一件很花時間，也很費人力的大工程。

所以，每到了馬鈴薯收成的季節，農民不但要出動家中全部的人手來幫忙，而且往往還要忙上好幾天，才能把所有的馬鈴薯分類完畢。接著，才能把馬鈴薯裝上卡車，運到城市去販賣。

但是，有一位名叫漢斯的農民，卻從來不需耗費那麼多的時間和精神，而且還能比其他人更早拿到市場上販賣。

村民們都很好奇，為什麼漢斯的馬鈴薯從來不花時間分類，但是依然能賣到好價錢呢？

村民們問過漢斯很多次，可是漢斯卻總是笑而不答。後來，村民們偷偷地跟蹤漢斯，才發現原來漢斯是把所有的馬鈴薯裝進麻袋後，直接丟上卡車，然後再選擇顛簸不平的山路走。

等到運到城裡的時候，馬鈴薯因為沿途山路的顛簸搖晃，自然而然小的馬鈴薯就會落在麻袋下面，而大的就留在上面了。漢斯因為減少了分類的時間，所以才能在第一時間將馬鈴薯送到城裡，賣到好價錢。

因爲有效率，所以當其他人在做一件事的時候，你卻可以同時完成兩件，甚至三件事；如此一來，你擁有的時間當然就比其他人還要多了。

在這個「時間就是金錢」的時代，除了比付出、比努力之外，更重要的是比智慧。

只要你擁有比他人更多的時間，你就能比他人擁有更多成功的機會。

珍惜現在，未來才不會後悔

既然過去已經無法挽回，未來又是不可預知，只有現在是你可以掌握的，那麼你只有珍惜現在，未來才不會後悔。

有一個人活在徬徨迷惘之中，於是前去找一位知名的禪師，尋求未來生活的指引。他對禪師：「大師，您是一位得道的高僧。能不能請您能告訴我，我的將來會怎麼樣？」

禪師看了他一眼，淡淡地回答一句：「你將來一定會死。」

這段對話看起來雖然很可笑，但是，死亡卻是人人最後都必須面對的一個事實，全看我們怎麼對待它。

有許多人終其一生只顧著爭名奪利，卻忘記了不管自己怎麼汲汲營營，將來總有一天會在這世上消失。

等到生命走到了盡頭，才開始驚覺到原來自己還有那麼多重要的事沒有經歷，可惜爲時已晚。

某個企業大老闆到醫院去做健康檢查，過了幾天，醫生告訴他，他得了癌症，只剩下三個月的生命。

他聽完醫生的診斷後，整個人彷彿掉入了無底深淵一般，推掉了一切應酬，待在家裡陪伴家人，這才發覺原來家裡是這麼溫暖，為什麼他以前都沒有感覺到？

從此以後，他不再只專注在事業上，他看到原來世界真的很美，很廣闊，後悔自己以前從來沒有用心生活過！於是，他決定好好運用僅剩的三個月，讓它成為自己生命中最美好、最充實的三個月。

三個月過去了，他卻安然無事，後來接到醫院的通知，才知道他根本就沒有得到癌症，而是報告出了錯誤。

這個大老闆聽了非常生氣，氣沖沖地跑去醫院質問醫生：「你為什麼騙我，說我只能活三個月？」

醫生不斷向他道歉，可是大老闆仍然不能諒解。

最後，醫生無可奈何地說：「我很抱歉，因為檢查的錯誤造成你的困擾，讓你以為自己只能活三個月。可是我請問你，你又如何保證你自己還能再活多久呢？」

禪宗說過：「生命只在呼吸間。」

因爲生命是有限的，所以才能顯示出它的珍貴。

生命是自己的長度和深度都由自己決定。

俄國文豪在《安娜卡列妮娜》中說：「人生的一切變化，一切魅力，一切美好，都是由光明與陰暗構成的。」

沒有人能告訴你該怎麼運用你的生命，只能告訴你：既然過去已經無法挽回，未來又是不可預知，只有現在是你可以掌握的，那麼你只有珍惜現在，未來才不會後悔。

何必整天患得患失？

有得必有失，有失必有得。得意往往是失意的原因，失意則會成為得意的起點，在得與失之間，又何必太計較呢！

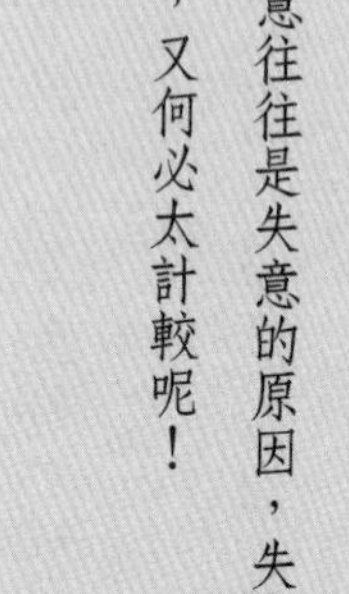

德國詩人羅洛曾經說：「與自己鬥爭才是最困難的鬥爭，同時戰勝自己才是最偉大的勝利。」

人在春風得意的時候，仍然免不了會遭遇到小小的失意。雖然後者與前者相比可能微不足道，但是，有許多人總是只看到那微不足道的「失」，而忽略了已經擁有的「得」，因此整天患得患失。

譬如一個有錢人，儘管他已經有了億萬的財富，但還是會因爲被倒了兩百萬

而悶悶不樂。

又譬如，一個已經位居經理職位的人，也會因爲偶爾遭到總經理的責備而心事重重，擔心自己無法再往上爬。

這樣的人往往只會斤斤計較眼前小小的不如意，卻不曾想到，自己和別人比起來，已經可以算是非常幸運的了；正因爲如此，許多看似得意的人反不如一般人來得快樂。

而且，這些曾經春風得意的人，到最後往往因爲自己看不開，結果眞的成爲失意的人。

《論語》裡有一個教人心胸必須開闊的故事。

有一天，楚國國王出遊打獵的時候，不小心遺失了他的弓；下面的人急忙要去尋找，楚王卻不以為意地說道：「不必找了，我在楚國境內掉的弓，當然會由我的人民撿到。既然最後一定是被楚國人得到，那又何必那麼認真去找呢？」

孔子聽到這件事，感慨地說：「可惜楚王的心胸還是不夠寬大啊！他為什麼不說：既然是人掉的弓，自然還是會被人撿到，又何必計較是不是楚國人撿到的呢？」

得與失在我們的心中，其實只有一線之隔而已，我們認為自己得意，那就是得意；認為自己失意，那就是失意。

所以，顏淵雖然居陋巷，一簞食，一瓢飲，也能在其中悠然自得，但是秦王嬴政即使統一了天下，仍然感到自己的日子活得不安穩。

由此可見，世界上的事就是有得必有失，有失必有得。

得到的身外之物越多，就算再增加，也不會覺得快樂，反而會因爲稍有所失就開始惶恐。

相對的，失去得越多，即使是再失去也不會感到可惜，甚至還會因爲稍有所獲就非常快樂。

所以，得意往往是失意的原因，失意則會成爲得意的起點。既然如此，在得與失之間，又何必太計較呢！

沒有判斷力的人，會提早出局

處在這個變化迅速的時代，唯有早人一步做出正確的判斷，才能保證自己不被淘汰。

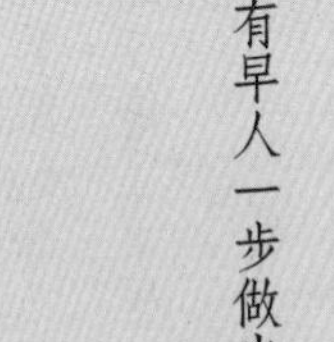

想要成爲一個成功者，首先要具備的條件，就是要能在危急的時候做出正確的判斷。

可是，要培養出權衡輕重的能力並不是容易的事，除了必須隨時注意週遭環境的動態之外，敏銳的觀察力也是不可或缺的。

有位作家曾經寫過一則饒富寓意的親子對談。

有一個小孩拿著一本故事書，跑到媽媽的面前，滿臉不解地問道：「媽媽，司馬光打破了水缸，救出跌落在缸裡的小孩，可是水缸被打破了，不是一件很可惜的事嗎？」

媽媽回答小孩：「但是，如果他不立刻打破水缸，又沒有大人去幫忙的話，那個小孩子很可能會因此淹死，所以只好把缸打破啊。」

過了不久，小孩又指著《伊索寓言》故事書上的圖畫說：「媽媽，烏鴉為了喝瓶子裡的水，而把小石頭丟進瓶子裡，可是烏鴉難道不怕小石頭弄髒水嗎？」

媽媽很有耐心地向小孩解釋：「可是，當時烏鴉非常口渴，而且又找不到別的水源，當然只好忍耐著髒了。」

沒隔幾分鐘，小孩又拿了一份報紙過來，指著上面的一則新聞說：「媽媽，這個人在山裡面割草的時候被毒蛇咬傷了，居然用鐮刀把自己被咬的腳趾砍斷，真是太可怕了！」

媽媽對小孩說：「這是因為，他知道被毒蛇咬到是會死掉的，而且當時離山下很遠，根本來不及找醫生，所以只好把腳趾砍掉，不然的話，他就會死在山上

了。」

媽媽把小孩抱過來，溫和地對他說道：「司馬光如果珍惜水缸的話，跌入水缸的小孩很可能就會淹死；烏鴉如果怕石頭髒，牠很可能會因此而渴死；割草的人如果不砍掉自己的腳趾，那麼他就會因此喪命。所以，你要記住，權衡輕重的判斷力是很重要的。」

處在這個變化迅速的時代，唯有早人一步做出正確的判斷，才能保證自己不被淘汰。而要比別人早一步做出正確的判斷，平時就得先培養自己權衡輕重的能力。只有如此，才能在現代社會中擁有一席之地。

「拐彎罵人」比直言勸諫更有效

勸告必須是婉轉的，不要讓別人有「被指責」的感覺；轉個彎，換個方式，這樣的勸告才能達到效果。

沒有人喜歡聽到批評和指責，因此，在勸告別人的時候必須非常小心，不當的用字遣辭非但達不到勸導的效果，甚至還會傷害彼此的感情。

學習如何恰當地給予別人建議，無疑是建立良好的人際關係時，不可或缺的一環。

大家都知道，唐太宗李世民是一位賢明的君主，但是很少人知道唐太宗的元

配長孫皇后，也是一個非常有智慧的女子。

有一天，唐太宗退朝回到寢宮之後，很生氣地對長孫皇后說：「我要是不殺掉這個可惡的莊稼漢，我的尊嚴遲早會蕩然無存！」

長孫皇后一聽，連忙詢問這個莊稼漢是誰？

唐太宗憤憤地回答說：「還會有誰？當然是魏徵那個傢伙！只有他敢在大庭廣眾下頂撞我，讓我下不了台。」

長孫皇后聽完唐太宗的話後，沒有說什麼，只是立刻換上皇后的正式宮服，然後站在庭院中，恭敬地向唐太宗行大禮。

唐太宗對長孫皇后的行為感到十分驚訝，便問皇后為什麼要這樣做。

長孫皇后回答：「臣妾聽說，只有英明的皇上，才會有正直的臣子。魏徵之所以如此正直，都是由於您的英明而造成的，既然如此，臣妾怎麼能不向皇上祝賀呢？」

唐太宗聽了長孫皇后的話，不僅怒氣全消，而且還反省了自己的過錯；不久之後，便將魏徵升為宰相了。

後來，魏徵因病過世，唐太宗悲慟不已，不但親自替魏徵送葬，還親筆為魏徵寫了碑文。

如果沒有聰明賢慧的長孫皇后暗中幫襯，魏徵這個忠臣可能早就死在唐太宗的刀下了。

由長孫皇后的例子可知，勸告必須是婉轉的，因為如果長孫皇后跟魏徵一樣，採用直言進諫的方式，結果只會讓在氣頭上的唐太宗更加生氣，而且根本無法解決問題。

所以，想要勸告的時候，不要給別人有「被指責」的感覺，轉個彎，換個方式，這樣的勸告才能達到效果。

9.
PART

控制情緒，才能立於不敗之地

所謂的控制不是壓抑，而是懂得適當地轉化自己的怒氣；懂得支配自己情緒的人，才能在人生中立於不敗之地。

工作態度決定你的價值

無論置身的環境如何困頓，無論眼前的工作多麼繁重，只要願意調整自己得心境，學會改變工作態度，我們就會是有貢獻、有價值的人。

什麼樣的人才是偉大的？什麼樣的人才值得尊敬？

有一句廣告詞說：「認眞的女人最美麗。」這話讓人認同，其實，不管男人女人，當一個人盡心盡力地去完成自己手上的工作時，所散發出來的氛圍，都會讓人覺得充滿魅力。

艾爾比的年紀大了，走起路來行動顯得緩慢、沉重，但這並不代表他是個等

死的老傢伙。嚴格來說，艾爾比工作得比誰都來得賣力，也比誰都熱愛自己的工作。

艾爾比平時以幫人打零工維生，舉凡修理棚架、在冬日裡幫忙管理夏季小屋、釘木窗等等，他都能慢條斯理地完成，而且追求完美。

有一回，艾爾比受顧在村子的路口幫忙蓋一個小垃圾棚架。棚架得分成三個小間隔，每個間隔內放置一個垃圾筒。只見艾爾比就像一位雕刻家一樣，優雅地使用工具，隻手撫過木料，就好像在與木頭溝通。

等到艾爾比將棚架做好時，許多人都讚嘆木工的精美與確實。每一塊木頭都緊密接合，沒有奇怪的突出。每一根釘子都牢牢地固定，沒有不小心打歪的釘眼刺人。棚架的開關處，十分地好開好關，不會有難聽的咿啞聲，也不會有關不上的問題。最後，艾爾比為棚架均勻上了一層綠色的漆，等漆色變乾，工作就大功告成了。

所有的人都認為已經很完美了，但第二天，艾爾巴又帶著工具前來，在已經陰乾的棚架表面，再均勻地噴上一層漆，使得漆色更飽滿好看。

這就是艾爾比的做事方式，一點一滴盡全力做到好，絕不隨便馬虎。

艾爾比的收入並不高，生活也不算富裕，但是他從不缺工作，也不曾為工作而辛勞煩悶，總是依著自己的速度與進度進行。

識貨的人多半都會來找艾爾比，因為他們知道，只要是出自他手中的木工、家具，必定都是實實在在、牢牢靠靠的。

我們在這一生中追求財富和享受，以自身的勞力和智慧去換取，但我們究竟是在付出與獲得的過程中，創造了自我的價值？還是只換得口袋裡的鈔票，或是存摺裡的數字？

故事裡的艾爾比，沒有令人欣羨垂涎的財富與名利或榮華富貴，但是他那自由自在的生活哲學，以及執著於自己的每一項工作，如同完成藝術品一般的態度，卻如此令人嘆服。

換一個角度來想，艾爾比又何嘗不是最自由的人呢？他不爲金錢所奴役，也不爲工作控制，認爲自己該做什麼就去做，依靠自己的力量去生活。

那些為了事業與金錢汲汲營營，過勞且耗費心力的人，恐怕還要反過來羨慕艾爾比的生活呢。

美國教育家耶爾．哈法德曾經如此強調：「不計報酬地工作，往往可以從工作中得到更多超乎預料的報酬。」

那份報酬或許就是意指我們能夠眞正體會到，自己絕不是一個無能的人，從勞動筋骨和絞盡腦汁的過程中，證明了自己是個有能力創造的人。

無論置身的環境如何困頓，無論眼前的工作多麼繁重，只要願意調整自己得心境，學會改變工作態度，我們就會是有貢獻、有價值的人。

控制情緒，才能立於不敗之地

所謂的控制不是壓抑，而是懂得適當地轉化自己的怒氣；懂得支配自己情緒的人，才能在人生中立於不敗之地。

每個人都希望自己具備冷靜的判斷力，遇到事情時，才能迅速地做出正確的決定。可是，希望和現實往往有差距，事情一發生，大多數人仍然很難冷靜判斷。

其實，要保持冷靜只有一個方法，就是隨時隨地讓自己處於心平氣和的狀態。如果能做到這一點，即使你意識到怒氣的存在，你也能成功地自我控制情緒。

歐瑪爾是英國歷史上著名的劍術高手，他有一個實力相當的對手，兩個人互

相挑戰了三十年，卻一直難分勝負。

有一次，兩個人正在決鬥的時候，歐瑪爾的對手不小心從馬上摔了下來；歐瑪爾看見機會來了，立刻拿著劍從馬上跳到對手身邊，這時只要一劍刺去，歐瑪爾就能贏得這場比賽了。

歐瑪爾的對手眼看著自己就要輸了，因此感到非常憤怒，情急之下便朝歐瑪爾的臉上吐了一口口水。這不但是為了表達自己的怒氣，也是為了要羞辱歐瑪爾。

沒想到，歐瑪爾在臉上被吐了口水之後，反而停下來對他的對手說：「你起來，我們明天再繼續這場決鬥。」

歐瑪爾的對手面對這個突如其來的舉動，感到相當訝異，一時間顯得有點不知所措。

歐瑪爾向這位纏鬥了三十年的對手說：「這三十年來，我一直訓練自己，讓自己不帶一絲一毫的怒氣作戰，因此，我才能在決鬥中保持冷靜，並且立於不敗之地。剛才，在你吐我口水的那一瞬間，我知道自己生氣了，要是在這個時候殺死你，我一點都不會有獲得勝利的感覺。所以，我們的決鬥明天再開始。」

作戰。

可是，這場決鬥卻再也沒有開始。

因為，歐瑪爾的對手從此以後變成了他的學生，他也想學會如何不帶著怒氣作戰。

生氣雖然是人人都會有的情緒，但是，若想成爲人生戰場中的常勝軍，你就得學會好好地控制它。

所謂的控制不是壓抑，而是懂得適當地轉化自己的怒氣。

故事中的歐瑪爾因爲懂得控制自己的情緒，所以他不但少了一個敵人，反而因此多了一個朋友。

人生勝敗的關鍵正在情緒的掌控，懂得支配自己情緒的人，才能在人生中立於不敗之地。

沒錢的人通常都很蠢

現實生活中，就是有人給他再多錢也沒用，因為他們根本不知道該如何運用自己的金錢。

如果不懂得好好地運用金錢，那麼再有錢的人，也有坐吃山空的一天。相反的，如果能夠將有限的金錢，發揮無限的功用，即使是窮人，也能搖身一變成爲有錢人。

美國雖然是世界上公認最富裕的國家，並且制定了許多照顧窮人或失業人口的社會福利制度，但是，在美國的社會當中，仍然存在著許多貧窮的人。

政府原本以為是社會福利制定得不夠完善，所以特別委託一個民間機構進行訪問調查，希望找出為什麼始終無法改善他們生活的原因，並且也讓法令有修正的依據。

沒想到經過調查之後，發現有些人貧窮的原因非常離譜，以下便是這個團體所調查到的三個特殊例子。

有一位中年男子，他雖然有工作，但是他每個月總是把一大半薪水花在修理地板上。

因為修理地板的費用太高，導致他十分貧窮，窮到連用來生火的木柴都買不起，因此只要天氣一冷，他就只好拆屋裡的地板當柴燒，然後等拿到薪水之後再請工人來修理地板。

有一個女孩因為經常失業而領取失業救濟金。

在調查的時候發現，造成她失業的原因，是因為她早上總是無法準時起床，所以總是被遲到過多的理由而開除。

但是，當調查人員勸她買一個鬧鐘，以改善無法準時起床的狀況時，她竟然表示，因為政府發給她的失業救濟金根本不夠用，所以她沒有多餘的錢買鬧鐘。

有一個老太太，雖然政府每個月發給她的救濟金，已足夠支付她整個月的基本生活所需，但她還是經常挨餓。

她會挨餓的原因，是因為她總是用這些救濟金，來購買昂貴的肉類和冰淇淋，卻沒有用來買麵包、牛奶……等基本食物，所以政府的補助自然也無法維持她的生活了。

看了這三個例子，你也許會覺得十分荒謬可笑，但是現實生活中，就是有這樣的人，就算你給他們再多錢也沒用，因爲他們根本不知道該如何運用自己的金錢。

如果你不是這種人，那麼恭禧你具備創造財富的能力，但如果你也和這些例子相距不遠的話，爲了避免落入貧窮的深淵，也許你該好好學習如何妥善地運用金錢了。

可千萬別像例子中這三個蠢人一樣。

感恩，才能讓你的成就更持久

如果當初沒有他人的幫助，誰也不會有今天這樣的成就，只有懂得飲水思源的人，才能讓自成就更持久。

每個人在成功之前，一定都曾受過他人的幫助，因爲一個人的力量有限，很難單憑一己之力達到目標。

如果想要維持眼前的成功，就更不能忘記那些曾經幫助過你的人，否則你的成功就會像曇花一般，短暫而無法持久。

在賽馬場上，有一位騎士正騎著一匹紅色的駿馬在場上奔馳，人和馬之間的

節奏配合得天衣無縫。

因為兩者間完美的搭配，所以很快地超越了場上其他的騎士，成為這次比賽的第一名。

這個捧回冠軍獎杯的騎士，得到冠軍後的第一件事，就是回到自己的馬廄，將辛苦的紅馬拴在馬廄裡，給牠最好的草料，並且對牠說：「盡情的吃吧，你辛苦了！如果沒有你的全力配合，我是不可能在這次比賽中得到冠軍的。」

騎士的朋友們知道他得了冠軍，紛紛來向騎士道賀。其中一個道賀的人，忽然間被一個東西絆倒了，低頭一看，才發現原來是一根竹竿。

這個人非常生氣，一腳踢開竹竿說：「這種沒用的東西，為什麼要放在馬廄裡面？」

騎士聽了之後，默默地撿起竹竿，很珍惜地把它放在牆角，然後對這個被絆倒的人說：「對你而言，它或許只是一根沒用的竹竿，但是對我而言，它卻是具有啟蒙意義的竹馬。小時候，因為我騎了這個竹馬，所以才開始立志要當賽馬騎士的，如果沒有這個竹馬，就沒有今天的我了。」

接受人家的幫助很容易，但要記住別人給過的點點滴滴，卻不是人人都做得到的事。

閩南語有一句俗話：「吃果子拜樹頭」，就是告訴我們，如果當初沒有他人的幫助，誰也不會有今天這樣的成就，只有懂得飲水思源的人，才能讓自成就更持久。

成功的大門，需要多敲幾下

雖然失敗不見得會帶來成功，可是至少是向成功更邁進了一步。

所以，不要害怕失敗，堅持到底，成功就在不遠處。

「失敗爲成功之母」是句大家耳熟能詳的諺語，也是常常被用來安慰失敗者的箴言。

雖然成功的背後必定是曾經過失敗，但讓人洩氣的是，失敗卻不見得一定立即帶來成功。

因此，很多人在快要成功的時候，往往因爲承受不了一再失敗的打擊，而決定退縮放棄，就這樣跟成功擦身而過了。

瑞典的化學家塞夫斯特穆，在一八三〇年發現了新的化學元素—釩。其實，當初和他一起研究的，還有他的好朋友維勒，可是維勒受不了一再失敗的打擊，所以在中途退出了研究。

塞夫斯特穆仍然繼續堅持，最後終於獲得成功。

在發表這個重大發現的時候，塞夫斯特穆以輕鬆風趣的筆調，像童話一般地寫道：「在宇宙的極光裡面，住著一位漂亮又可愛的女神。有一天，有人來敲女神的門，因為女神正在忙，所以沒有應門。女神正等著那個人再來敲門，可是這個人只敲了一次，就離開了女神的家。女神心想：『這個匆匆忙忙的冒失鬼，一定是維勒！』其實，如果維勒再敲一下，不就可以見到女神了嗎？」

「過了幾天，又有人來敲女神的門。這個人很固執，一次敲不開，就一直繼續地敲下去，最後女神終於開了門，發現是塞夫斯特穆。塞夫斯特穆見到了女神，釩就因此產生了。」

雖然失敗不見得會帶來成功，可是至少代表著向成功更邁進了一步。

愛迪生在發明電燈泡時，曾遭遇數千次的失敗，可是他仍然樂觀地說：「至少我知道這幾千種方法都是不對的。」

塞夫斯特穆和愛迪生的故事在在告訴我們，不要害怕失敗，只要堅持到底，成功就在不遠處等著你。

年紀越大，心態就要越年輕

只要你不放棄讓自己隨時保持年輕和熱情的心態，那麼年齡對你而言，並沒有太大意義，只不過是一個數字而已。

不知道你有沒有看過這種情形：明明才一個二十出頭的年輕人，卻總是一副無精打采的樣子；可是反觀有些七、八十歲的老人家，卻依然神采奕奕，容光煥發得像年輕人一樣。

之所以會產生這種現象，其實都是因爲心境造成的。

你認爲你是什麼樣的人，你的外表就會展現出你所想的樣子。

畢卡索於一九六六年，在法國巴黎舉行了一次個人回顧展，其中所展出的作品，都是依照畢卡索創作年代的順序來排列的。

在這一次的回顧展中，可以清楚地看出畢卡索畫風的轉變。

在他創作的初期，作品大都以風景畫和靜物寫生為主；到了中期，很明顯地可以從風景畫中，看出有一些不諧調的色彩出現，而靜物的寫生，也不像初期那樣的寫實。

等到後期，畢卡索的作品開始展現出世人所熟知的畫風：抽象而且變形的人體、充滿活力的線條，以及各種用色大膽的幾何圖形，形成能夠引人徜徉在其中的無盡趣味。

畢卡索有一位畫家兼評論家朋友，看完這次的回顧展後，問當時高齡八十五歲的畢卡索說：「你這次畫展的排列順序，真是令我感到不解。你初期的作品看起來是如此的穩重嚴肅，但是越往後發展，越是顯得狂放不羈，好像完全沒有規則可循。依我看，你的畫作年代排列，應該要倒過來才對。」

畢卡索聽了朋友的話，笑笑地回答說：「人一旦上了年紀，往往需要很長的時間，才能夠回復青春，但是只要你願意，你還是可以做得到。我的畫想要表達的，就是這種想法。」

畢卡索用他的畫筆，展現出他年輕的心境，也說明了，一個人的年紀的多寡，並不代表他的生活態度和想法。

所以，只要你不放棄讓自己隨時保持年輕和熱情的心態，那麼年齡對你而言，並沒有太大意義，只不過是一個數字而已。

別讓壓力壓扁你

順其自然，反而能讓事情順遂完成。求得太過、想得太多、標準太嚴格，多半徒增自己的壓力，不能成就任何良好的結果。

在氣球裡不斷灌氣，氣充久了，氣球便承受不了。把氣球裡的氣洩掉是個不錯的方法，但若是能將排除氣體的動作轉換成上升的動能，那麼這股能量將能得到更好的發揮。

不論身體或心理遭遇到問題與狀況，一味地逃避和推拒，抑或視而不見、刻意忽略，都只會讓問題變得更爲嚴重。

正面迎視問題，往往會是最佳的解決辦法。

有一位年輕人來到動物園，想要應徵馴獸師的工作，特別是想要待在照顧獅子的單位。這個要求很不尋常，動物園的人事主管便特別詢問他想得到這份工作的理由。

想不到，年輕人的回答令人覺得相當不可思議。

他說：「醫生說我罹患了一種神經緊張的疾病，如果再放任下去，很有可能會精神崩潰。唯一的治療方法是去找一份高度緊張的工作，讓我可以暫時忘記對其他事物的恐懼。」

就是因為這個理由，他才會來應徵這一份在他看來最危險的工作。

經過幾番測試、面試之後，這位年輕人成了一位相當出名的馴獅師，而他神經緊張的疾病也日漸痊癒。

從這個例子來看，解除神經緊張最好的方法，就是去處理需要神經緊張才能解決的問題。當精神壓力有了恰當的抒發出口，壓力就不會造成個人身心負面影響，反而能夠成為一種推進的動力，讓人徹底發揮出自己的潛能。

現代的人不管想不想、懂不懂，都會蓄積不少的壓力，卻不見得知道應該要如何去排解，讓自己恢復平穩的狀態，因此產生許多心理疾病。

求好心切，是一般人都會有的反應，但是，有時候順其自然，反而能讓事情順遂完成。求得太過、想得太多、標準太嚴格，多半徒增自己的壓力，不能成就任何良好的結果，何妨用平常心看待？

歌德這麼說過：「焦急於事無補，後悔更加於事無補，前者會增加錯誤，後者會產生新的後悔。」

所以，不要對眼前的任務太過心焦，因爲毛毛躁躁反而容易亂中有錯；不要沉緬於過去犯下的錯誤，因爲把眼前工作完成才是當務之急。不要讓焦急和後悔平白無故地增加壓力，就能夠表現出應有的實力。

專心是成功法門

如果你能在有阻礙或有外力干擾時，仍然專注地朝自己的目標向前，那麼恭禧你，你已經走在成功的軌道上了。

沒有人會想成爲失敗者，大家都是以「成功」作爲人生努力的目標。雖然如此，可是眞正下定決心去做的人卻不多，所以成功的人總是比失敗的人少，因此也更值得大家的尊敬。

有一位畫家，一直想幫愛因斯坦畫一幅人像，可是愛因斯坦總是不答應，於是畫家便轉而請求愛因斯坦的夫人幫忙。

愛因斯坦的夫人對畫家說：「你想讓愛因斯坦答應你為他畫人像，並不是件容易的事，他是最不喜歡出風頭的人。之前曾經有記者在報紙上刊登了他的照片，又為他做了專訪，這讓他不高興了好幾天。」

畫家並沒有因為愛因斯坦夫人的話而洩氣，仍然一直努力的說服愛因斯坦。

經過畫家反覆不斷地請求，並且保證絕對不會刊登出來之後，愛因斯坦才同意畫家替他畫像。

畫完之後，愛因斯坦還反覆叮囑畫家說：「請你千萬不要把我的畫像登在報紙上，在報紙上刊登畫像或照片，是電影明星才需要做的事，我是不需要的。」

畫家帶著完成的畫像向愛因斯坦告別，臨走前，畫家向愛因斯坦請教了一個問題：「請問，人生有所謂成功的公式嗎？」

愛因斯坦思索了一下，回答：「有，公式是A=X+Y+Z。」

畫家問：「這個公式代表什麼意思？」

愛因斯坦回答說：「A代表成功，X代表工作，Y代表休息，Z就是少說廢話！」

愛因斯坦說的「少說廢話」，指的就是專心，由此可見，想要獲得成功，專心於你的目標便是不二法門。

如果你能在有阻礙或有外力干擾時，仍然專注地朝自己的目標向前，那麼恭禧你，你已經走在成功的軌道上了。

改變心境，才可能改變人生

只有改變心境，才可能改變你的人生。所以，如果你想要改變自己某些不好的習慣，就必須發自內心的想要改變。

作家普勞圖斯曾說：「能征服自己的情緒，而不是被情緒所征服的人，總將被視為一個可靠的人。」

但是，俗話說：「江山易改，本性難移」，足見一個人想要改變自己，是一件很不容易的事。不過，改變自己雖然不容易，可是卻不能以此做爲拒絕改變的藉口。

因爲，這句話的意思不只是提醒你改變的困難，另一個更重要的意義是告訴你：眞正的改變，是要從你的本性做起，如果不從內心湧起想要改變自己的意願，那麼改變是不會成功的。

有一個人脾氣很暴躁，常常因此得罪別人而懊惱不已，所以一直想將這暴躁的壞脾氣改掉。

後來，他決定好好修行，改變自己的脾氣，於是花了許多錢，蓋了一座廟宇，並且特地找人在廟門口，寫上「百忍寺」三個大字。

這個人為了顯示自己修行的誠心，每天都站在廟門口，一一向前來參拜的香客說明自己改過向善的心意。香客們聽了他的說明，都十分感佩他的用心良苦，也紛紛稱讚他改變自己的決心。

這天，他一如往常站在廟門口，向香客解釋他建造百忍寺的意義時，其中一位年紀大的香客因為不認識字，便向這個修行者詢問牌匾上到底是寫些什麼。

修行者回答香客說：「牌匾上寫的三個字是百忍寺。」

香客沒聽清楚，於是再問了一次。這次，修行者的口氣開始有些不耐煩：「上面寫的是百忍寺。」

等到香客問第三次時，修行者已經按捺不住，很生氣地回答：「你是聾子啊？跟你說上面寫的是百忍寺，你難道聽不懂嗎？」

香客聽了，笑著說：「你才不過說了三遍，就忍受不了了，還建什麼百忍寺呢？」

安禪何必須山水，滅卻心頭火自涼。

生活就是心靈的修練場，想要改變自己，應當從改變心境做起，而不是築造虛華的水月道場。

只有眞正想要改變心境，才可能改變你的人生。

像故事中的修行者，即使花了一大筆錢建造寺廟，也只是做做表面功夫，並沒有改變他暴躁的脾氣。

如果你想要改變自己某些不好的習慣，就必須發自內心的想要改變，這樣才會成功，否則，就會淪爲自欺欺人的笑話。

若是只注重表面的妝點，那沒過多久一定會故態復萌。

PART 10.

何必刻意刺激別人的情緒？

我們無須因為心中生疑，而刻意去挑動人們的情緒；故意煽動對方，並不會讓你確實看見他的真面目，只會讓你的人際關係倒退一步。

何必刻意刺激別人的情緒？

我們無須因為心中生疑，而刻意去挑動人們的情緒；故意煽動對方，並不會讓你確實看見他的真面目，只會讓你的人際關係倒退一步。

爲了生存，我們很習慣在不同的人面前，呈現不同的面貌。只要不存害人、騙人之心，是不是僞裝出來的不太重要，畢竟我們眞的很需要用這些不同的面貌，來與不同的人溝通、交流，並幫助你我的人際發展。

很久以前，有個頗受好評的富孀，平日待人親切和善，為人謙遜的她甚得人心，不管是她的親友還是傭人們，每個人都對她讚譽有加。

然而，有位頗受這位富婆喜愛的年輕女僕，卻是個充滿好奇心，喜歡發掘所謂人性真相的女孩。有一天，她忽然這麼想：「每個人都如此讚美我的女主人，雖然我也覺得她不錯，但是，我們又怎麼知道，她的那份溫和是天性使然，還是外在環境促使她不得不如此？嗯，不如讓我來測試一下她吧！」

於是，第二天早上，這位年輕女僕便故意賴床不起，一直等到中午時分，才慵懶地出現在富婆的面前。當她來到廳堂時發現，女主人的臉上已經堆滿了不悅，接著還聽見責備的聲音：「妳為什麼這麼晚起？」

只見這個女僕頂嘴說：「我只是偶爾賴個床，您用不著這麼生氣吧？」

女主人一聽，臉色更為難看了，不過，為了維持自己的形象，她也只是生氣地搖了搖頭，便不再多話。

第二天，女僕又再賴床一天。這回女主人終於按捺不住脾氣了，怒氣沖沖地帶了根木棒，來到這個女僕的房間中，當場給了女僕一棒。

接下來，事情怎麼發展呢？

我們不是常說「好事不出門，壞事傳千里」嗎？這會兒便立即在女主人的身上應證，當她棒子才落下之後，消息便傳遍了大街小巷，讓她花費了大半生累積的聲名，因為這「一棒」而完全損毀。

你經常懷疑那些表現和善的人，其實是詐善的僞君子嗎？那麼，你會用什麼方法證明他的僞裝呢？

看完這個故事，或許有人要嘲笑女主人的裝模作樣、虛情假意，然而，我們何不換個角度看，如果女僕不「故意」搗蛋，我們可以肯定，女主人將會一輩子都是和藹可親的模樣，這不是很好嗎？

每個人都是從「互動」中溝通心意，我們無須因爲心中生疑，而刻意去挑動人們的情緒，因爲人們對你的和善，其實是順應著你的和善而生，故意煽動對方，並不會讓你確實看見他的眞面目，只會讓你的人際關係倒退一步。

也許，有人會質疑，那麼想要做到眞正的「表裡如一」又該如何？

其實，只要不心存詐欺就是表裡如一！只要別太僞作、矯飾，我們大可運用多元的面貌，來面對多元的社會，成就我們的未來。

別讓小事傷了和氣

因為「自以為是」的偏頗想法，因為心中擁有了計較與比較的嫉妒、猜忌，所以，我們反而更容易被小事煩擾，讓各種情緒佔滿了心胸。

我們常常會緬懷過去的美好回憶，用心計劃未來的美好願景，卻往往忽略了用心經營現在的人生。我們喜歡和別人爭辯，喜歡和別人嘔氣，以至於常常因爲小事而撕裂自己的人際關係，造成不能挽回的遺憾。

每件事都會有轉圜的餘地，所以，別再爲小事傷了和氣！人的感情一旦因爲這些小事而損傷了，恐怕花再長的時間也不一定能夠癒合。

從前有兩個感情相當好的家庭，雖然沒有住在同一個城市裡，但感情甚篤的他們，每年都會安排一個聚會的時間，時間一到，甲家人必定全家到乙家拜訪，甚至連他們飼養的狗兒也會跟去。

但是，不知道怎麼了，有一年他們竟為了一點小事而傷了彼此的感情，於是，那一年，甲家人決定不再探訪乙家。

然而，他們卻萬萬沒有想到，在約定的那一天，甲家的狗兒居然獨自來到三十里之外的乙家，當牠到達乙家時，已經是傍晚時分了。

當乙家的人看見甲家的狗兒出現時，全都開心地猜想：「咦？他們的愛犬都來了，那就表示他們願意與我們和好如初囉！」於是，主人吩咐：「大家快點準備東西，我想，他們就快到了！」

以為感情重建的乙家人，連忙去準備飯菜等待好友的到來，然而，他們等了一個晚上，卻仍然不見甲家人的蹤影。

第二天早上，乙家人很擔心朋友們一家人的情況，於是不放心地來到甲家，一問之下才知道，原來是狗兒自己跑到他們家的。

這時，甲家的小女兒說：「哇，狗狗都沒有忘記大家的約定和情誼耶！那麼為什麼你們大人會忘了呢？」

兩家人聽了都相當慚愧，只見雙方大人再次聊了起來，孩子們也開始在屋裡歡笑追逐，大家的情感又再次牽起，而他們也相信，從這一天起，兩戶人家的情誼將會永恒不墜。

身爲萬物之靈的人類，似乎無法眞正地運用自己的聰明腦袋，總是要從其他萬物的身上，看見生命的啓示，你認爲呢？從小狗獨自「依約赴宴」的表現中，我們便可以看見人們聰明過頭的誤用，因爲充滿「自以爲是」的偏頗想法，因爲心中擁有了計較與比較的嫉妒、猜忌，所以，我們反而更容易被小事煩擾，讓各種情緒佔滿了心胸，同時也縮小了包容的空間。

從小狗狗的身上，你是否也有了新的啓發？

生活中，我們確實有很多小事可以煩惱，然而，認眞地看一看這些瑣碎小事，很多時候你不是經常發現：「那根本沒什麼啊！」

冷靜面對才能看見真相

不想被假象蒙蔽，那麼我們就要用更謹慎的態度小心求證，不想再被訛傳所煩擾，那麼我們就要用冷靜的態度，找出事實的真相。

不要隨著毫無根據的傳說而揣摩想像，也不要跟著八卦消息而隨便評斷是非，即使是羅生門的情況，眞相始終只有一個，不過，這個眞相也只有在你謹慎求證之後才能看見。

古時候，有一班靠演出謀生的戲子，因為國內鬧饑荒，人民連最基本的衣食都無法照顧，更別提欣賞戲曲了，因此，這班戲子只得帶著道具行裝，到外地尋

找演出機會。

這天，他們正好經過婆羅新山，據傳在這座山林裡，住著嗜吃人肉的羅剎鬼。很想快點走出婆羅新山的他們，卻因山路不熟，加上其中一位戲子生病了，以致行程耽誤，不得不在這座山林裡過夜。

眼看著黑幕拉下，山上的寒涼夜風也開始吹起，他們連忙搭起休息的棚子，並撿拾一些乾柴起火，讓大家就著火堆休息取暖。

當大家都睡著時，那位生病的演員卻被寒冷的夜風吹醒，於是，他連忙從道具中隨手拉出一件厚衣裳穿上，並到火堆前取暖。

過了一會兒，有位同伴從睡夢中醒來，一抬頭，看見火堆邊居然坐了一個「羅剎鬼」，嚇得驚呼一聲，連忙起身逃跑。

「羅剎鬼」是怎麼出現的呢？

原來，那個「羅剎鬼」不是別人，而是那個生病的演員，糊裡糊塗的他，完全不知道自己穿上了羅剎鬼的戲服。

當其他人聽見有人高喊著「羅剎鬼」時，並沒有人去問明原因，便跟著喊叫的人開跑，這其中當然也包括了那位生病的戲子；當他看見大家驚慌地四處奔逃時，以為出了什麼事，也拼了命地跟在大家的後面奔跑。

這時，有個人回頭探望，想看清楚到底發生了什麼事。未料，當他一轉頭，卻見「羅剎鬼」的身影朝著他的方向奔來，這下子他更加驚恐，只見他高呼著：「羅剎鬼追來啦！」

這一驚呼，讓大家更加拼命地往前狂奔，只見有人被石塊絆倒，有人被荊棘刺傷，還有人跑得太快，一不小心猛地跌坐在小溝渠邊，每個人幾乎都弄得渾身是傷，這其中也包括那個假羅剎鬼！

就這樣，一群人東奔西跑了一個晚上，直到東方魚肚漸白，他們才精疲力盡地停下腳步，心想：「天亮了，羅剎鬼應該不敢走出森林吧？」

這時，有人回頭看了看，卻見「羅剎鬼」出現在他的身後，還氣喘吁吁地抱怨：「你們不知道我生病了嗎？到底發生了什麼事啊？」

這則故事相當滑稽有趣，然而其中的寓意卻十分深遠。

因爲人云亦云，也因爲人們缺乏實事求是的態度，白馬經常被硬指爲黑馬，幾句流言也常常被人們當成眞話，於是，許多人的名譽莫名被毀損，眞相也總是石沉大海。

聽見流言或像故事中的傳言時，你都怎麼處理與面對？是像故事中的人們，只是看見了影子，便相信眞有「羅剎鬼」，還是會冷靜地循著身影，仔細求證？

不想被假象蒙蔽，那麼我們就要用更謹慎的態度，小心求證，不想再被訛傳煩擾，那麼我們就要用冷靜的態度，找出事實的眞相。

自大之前，先秤秤自己的斤兩

遇到事情的時候，請衡量一下自己的能力吧！與其人前現醜，何不先充實自己，累積實力，再尋求表現的機會呢？

現代人普遍有一種毛病，就是很容易誇大自己的能力。

明明沒這麼大的能耐，卻堅持自己可以，總是要等到失敗出現的時候，才肯承認自己眞的不行。到了這個時候，不但要耗費更多的心力來挽回，別人也會因此而對你失去信心。

有一個畫家，認為自己在繪畫上非常有才能，所以一直堅持著自己的「藝術」

理想，除了畫畫之外，從來不做其他的工作。

可是，他的作品乏人問津，幾乎又一張都賣不出去，所以總是搞到三餐不濟的地步。幸好，街角有一個好心的餐廳老闆，願意讓他賒欠每天的餐費，因此，這個畫家便天天到這家餐廳來吃飯。

有一天，畫家在吃飯的時候，突然覺得靈感如泉湧，於是不管三七二十一，抓起桌上的餐巾，拿出隨身攜帶的畫筆，蘸著餐桌上的醬油、蕃茄醬……等各式的調味料，就開始作起畫來了。

餐廳的老闆不但沒有制止他，反而還趁著店裡客人不多的時候，在畫家身邊專心看著他畫畫。

過了好一會，畫家終於完成了他的作品。他看著自己畫在餐巾上的傑作，深深覺得這是他有生以來畫得最好的一幅作品。

這時，餐廳老闆開口了：「我把你所積欠的飯錢一筆勾銷，就當作是買你這幅畫的費用，你說好不好？」

畫家聽了老闆的話，又驚訝又感動地說：「沒想到你也看得出我這幅畫的價值！看來，我真的是離成功不遠了。」

餐廳老闆連忙說：「請你不要誤會，事情是這樣子的，我有一個兒子，他也像你一樣，成天只想著當一個畫家。我之所以買這幅畫，是想把它掛起來，好提醒我的孩子，千萬不要落到跟你一樣的下場。」

嘗試新的事物和勇於接受挑戰是好事，因爲這樣可以激發出自己潛在的能力，可是久缺自知之明，陶醉在自己的幻想之中，只會一再地暴露自己的不足，徒然惹人笑話。

遇到事情的時候，請衡量一下自己的能力吧！與其人前現醜，何不先充實自己，累積實力，再尋求表現的機會呢？

不要用激情取代理性

我們都曾未問明前因後果，便怒責他人的不是，也曾未經證實，便隨意地指證他人的是非，當時間證明了真相，卻已鑄成了大錯。

不要在沒有事實根據的誤會上和別人對立，更不要在沒有親自證實的傳言中，繼續蜚短流長。

因爲，過度的激情很容易控制人的理性，更會讓人在失去理智的情況下，做出傷害別人也傷害自己的事。

在一座茂密的森林中住了許多鴿子，其中有一對鴿子在一棵大樹上共築了一個愛巢，像似幸福的小夫妻，誓言同甘共苦，相親相愛地過著快樂的日子。

秋天來臨時，牠們發現後山一座果園的果子成熟了，於是就飛到果子園中，趁著著園主不注意時，偷了許多果子回家。

果實堆滿了牠們的巢穴，似乎足夠渡過寒冬了。然而，原本以為不必為冬天食物發愁的牠們卻沒料到，悠閒好幾天之後，巢中所有果子都因為天氣乾燥無雨，不知不覺中都乾縮了，居然剩下不到半個巢穴。

這天，雄鴿自外面遊蕩歸來，看見這個情形，生氣地責怪雌鴿：「我們千辛萬苦到後山採來的果子，妳居然偷偷地單獨享用，才沒幾天就已經被妳吃掉一半，妳實在很自私。」

雌鴿不服氣地反駁說：「才沒有這回事呢！巢中的果子從採收回來後，我一個也沒動過啊！」

雄鴿大吼：「妳還不承認，還強詞奪理？妳看，眼前的果子明明只剩下一半，事實就擺在眼前，妳還要抵賴？」

雌鴿悲傷地說：「那些果子明明是自己減少的，我根本沒有偷吃啊！請你一定要相信我。」

雌鴿苦苦哀求，雄鴿卻仍然不相信她，還怒氣沖沖地說：「妳口口聲聲說沒有偷吃，那麼果子怎麼會減少？」

說著說著，牠居然用尖銳的嘴啄了過去，由於雌鴿抵擋不住雄鴿的猛烈攻擊，不一會兒便被雄鴿給啄死了。

看著另一伴死去，雄鴿一點也不傷心難過，因為在牠心中，正充滿著被背叛的感覺，牠認為自己除去了不能信任的另一半，也決心以後只靠自己。

忽然，天空落下了斗大的雨滴，也落在那些乾扁的果子身上，就在這個時候，巢中的那些乾扁的果子登時全都膨脹了起來，鳥巢也再次被果子給佔滿，而且容量和先前一樣！

雄鴿這時才發現自己誤會雌鴿了，因為一時的情緒失控，竟然讓牠誤殺了另一半。只見後悔不已的雄鴿飛上了樹梢，高聲地哀嚎：「老婆，妳到哪裡去了，老婆，我相信妳啊！老婆，妳快回來啊……」

看著這則寓言故事，你是否也覺得有點熟悉？

因爲，我們都曾經未問明前因後果，便怒責他人的不是，也曾經未經證實，便隨意地指證他人的是非，當時間證明了眞相，我們卻已鑄成了大錯。

所以，我們要謹記故事中的教訓：「別讓失控的情緒，蒙住了事實真相與冷靜溝通的機會。」

有勇無謀，只會為自己帶來麻煩

凡事都要先靜後動，智取不足再用武攻，這也正是聰明人永保安康的最佳秘方。

行事果敢當然很重要，但如果只知道蒙著頭向前衝，不懂得運用智慧，莽撞行動的結果，只會讓自己陷入危機。

爲了避免可能遭遇的危機，行動之前要妥善規劃，準備好各種應對的方法。

要是有勇無謀，只有激情卻沒有理智，往往只會造成無法收拾的後果。

在一個偏僻的城郊外，有間久無人居的鬼屋，向來沒有人敢接近這附近，更別提住進這間房子了。

不過，阿明卻認為這是人們的傳言，是無稽之談，為了破除人們的迷信，他決定在這間傳說的鬼屋裡住一個晚上，並捉出所謂的「惡鬼」。

阿明在天黑前便躲進了屋裡，身上還帶了一根木棍，準備要讓「惡鬼」好好地吃一頓棒打。

沒想到，這天村裡有另一個人也自告奮勇要去捉鬼，不過他直到深夜才來到鬼屋附近。

半夜，這個自告奮勇的村民也拿了根木棍，獨自一人慢慢地走進了鬼屋。

當他來到門口時，忍不住打了一個寒顫，但他吞了口氣，對自己說：「別怕，只要惡鬼一出現，我就要把他打得不成鬼形！」

門外這個村民鎮靜下來後，便先用手叩了叩門，雖然他早知道裡頭根本沒有人住，不過，這個小動作卻能幫助他壯壯膽子。

然而，裡面的阿明一聽見這陣叩門聲，卻以為惡鬼現身了，因此他立即起身，並用力地抵住了大門，不讓村民把門打開。

這會兒卻讓村民以為，裡面真有惡鬼居住，於是他更用力地推門。就這樣，兩個「人」相互擋在門扉之前，因為，他們心裡都認定了：「惡鬼，你終於來了，看我如何教訓你！」

最後，一個努力地往裡推，一個則用力地阻擋著，忽然「啪」一聲，年久失修的門被他們弄破了。

黑暗之中，因為兩個人都沒看清對方的面貌，結果就在認定對方一定是「鬼」的情況下，拿起了木棍朝著對方猛烈打擊。

直到雞啼聲響，天空漸亮，兩個人已互毆到頭破血流，最後他們終於不支倒地。兩個人努力地喘著氣，並藉最後一股力氣，努力地想看一看，到底這個惡鬼長成什麼模樣。

當兩個人相望時，都驚呼一聲：「是你！」

原來，這兩個「鬼」都發現，對方居然是同鄉多年的好朋友！

小故事總有大啓發，看這兩個沒有預先查明眞相，便相互鬥毆的好朋友，你是否也忍不住想嘲笑他們的匹夫之勇？

然而，場景轉到你我的現實生活之中，我們不也曾經發生相同的情況，不分青紅皀白就勇氣十足地爽快答應：「就看我的！」

結果呢？問題眞的輕鬆解決了，還是爲自己惹來了一堆大麻煩呢？

我們誇讚一個人「智勇雙全」之時，其中的關鍵並不在「勇」字，而是在「智」的身上，就像故事中的兩個人，如果他們都能先運用智慧，辨別清楚「惡鬼」的身份與自己的形勢，自然能免去亂棒的攻擊。

所以，凡事都要謀而後動，智取不成之後再用武攻，這也正是聰明人永保安康的最佳秘方。

即使腹背受敵，也要找出一線生機

何必苦惱於眼前的禍福與遭遇，只要我們能勇敢面對，努力堅持，即使腹背受敵，都一定能找到「一線生機」。

佛家常說「生命迅速，福禍無常」，然而不管人生多麼短暫，有多少凶險起伏，你的命運和未來終究操控在你手中，沒有人能取代或是剝奪你的主宰權，除非你自動放棄。

有個年輕人，因為心情不佳，而到郊外散步，卻不知不覺地走到了荒野。

當他漫無目標地踏在荒原上時，忽然身後傳來了一陣低沉的「呼呼」聲，心裡一驚：「該不會是遇上了野獸？」

他忐忑驚懼地停下了腳步，小心地回頭一看。這一看，還真的差點把這個年輕人的膽子給嚇破了。

因為在他身後，是一隻滿臉兇惡的老虎，正朝著他的方向張牙舞爪地撲來。

年輕人大吃一驚，連忙轉身就逃，發足了腳力，拼了命地往前衝。

忽然，他發現眼前有一口古井，井邊還垂掛著一條粗大的樹藤，心裡想：「我可以拉著樹藤，躲到井底去，那這隻老虎就咬不到我了。」

於是，他立即攀著樹藤，爬進井裡，鬆了一口氣的他，忍不住說：「呼，好在有這口枯井！」

年輕人雙手緊握著樹藤，並靜靜地聽著外面的動靜，但不妙的是，他卻聽見老虎似乎還未離去，仍在井口踱步的聲音，看來，牠似乎還不願放棄原本就要到口的獵物。

在一片寂靜中，年輕人忽然又聽見另一種細微的聲音，連忙抬頭一看，卻見一隻黑色的小松鼠，居然正咬著樹藤。

「我怎麼這麼倒楣啊！」禍不單行的年輕人哀叫了一聲。

他下意識地往井底一看，不看還好，這一看更讓他發現處境岌岌可危，不禁埋怨：「老天爺，您怎麼要這麼耍我啊！」

原來，枯井底下早已雜草叢生，也成了蛇類的最佳居住所。

年輕人看著還在樹藤上努力磨牙的可惡松鼠，心想：「往下，肯定只有死路一條，往上，也許還有生存的機會。」

他小心翼翼地爬上了井口，偷偷地張望老虎的蹤影，還好，那隻老虎這會兒正躺在樹底下休憩。

於是，他輕輕地爬出了井口，輕聲躡足地繞過樹後，接著拔腿就跑，直到發現老虎並沒有追趕上來時，這才放心地放慢腳步，踏上歸途。

生命的美妙與精采，正是因爲人生的無常，就像故事中的年輕人，雖然他遭遇了非常情況，但是，那也是他一生中最難得的經歷。

所以，何必苦惱於眼前的禍福與遭遇？

在人生的旅途上，我們永遠不知道會遇上什麼樣的狀況，但我們卻可以記住：「不管眼前的道路是否筆直平順，抬起頭，任何人都能看見寬廣的天空！」別再唉聲嘆氣了，只要我們能勇敢面對，努力堅持，即使腹背受敵，都一定能找到「一線生機」。

提防意外，才不會讓自己受傷害

意外的發生並不是完全單方面的，很多時候是我們自己的疏忽與輕信，而讓自己遭遇傷害，深陷危機。

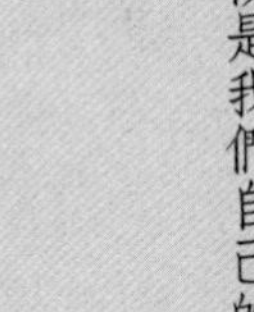

不管我們心中多麼眞誠熱情，還是會遇見多變的人心。

因爲，心是被包覆在身體裡的，我們永遠也猜不中對方眞正的心思，即使他嘴裡說著：「我是眞心的！」

有兩個商人同時接到了新的業務，也同一天要將貨物運送出去。

當他們各自帶著家丁浩浩蕩蕩出發時，碰巧在某個街上相遇，而他們也發現，

兩家的隊伍實在太浩大了，其中一個商人便提議：「如果一塊兒走，很容易引起人注意，萬一遇到了強盜，那就難以對付了。」

於是，他們商量後決定，讓其中一隊先行，另一隊則晚幾天出發。

先行前進的商隊，出發不久之後，便來到了人煙罕至的沙漠邊緣。據說，這個沙漠猶如一片「死海」，「沒有綠洲，盜賊很多」，許多經過此地的人們，不是渴死，便是被強盜殺死。

所以，商隊聽說後，都備滿了足夠的飲用水才出發。

然而走到半途，他們卻看見幾個人渾身濕透地走來，領隊看到了，便好奇地問：「你們怎麼渾身都濕了，難道你們掉進了池塘？」

其中一人說：「前方是有池塘，不過，我們並不是掉入水裡，而是被一陣大雷雨淋濕的，你們要上那兒？車上載了些什麼東西？」

商主說：「我們要到南方經商，車上載的是些普通貨物和飲用水。」

路人聽見了，連忙說：「朋友，你們根本不必擔心飲水問題！前方有一座森林和水池，你們不妨打碎甕子，如此可以減輕不少負擔呢！」

沒想到，商人竟然相信了他們的話，將水甕打破後再繼續前進。

然而，他們走了許久，卻怎麼也看不見森林與水池。

當然看不見了，因為剛剛那幾位是強盜嘛！他們見商隊這麼多人，不方便下手，便誘騙他們把水倒掉，等到商人們饑渴倒地之後，便輕鬆地搶走貨物。

解決完了第一隊，他們靜靜地等候第二個商隊的到來。

當年輕的商主率眾出發後，也很快地來到了沙漠口，並準備停下來休息。這時，他們也遇見了之前的強盜，強盜們也以相同的理由要誘騙商主。

然而，聰明的商主一聽，便發現其中的破綻，當有人提議要捨棄水甕時，商主立即阻止：「不行！你們不覺得有問題嗎？總之，我們要提高警覺，刀槍要放在身邊，只要我一發號命令就立即殺出，今晚會有強盜來犯。」

深夜時分，果真有一群強盜躡手躡腳地接近帳幕，這時年輕的商人早已發現他們的蹤跡，號令一發，強盜們立即束手就擒。

我們經常聽見這句話：「逢人且說三分話，未可全拋一片心。」

這也和一句諺語相似：「不怕虎生三張口，只怕人懷兩樣心！」

也許有人要質疑，先賢先哲的訓示不是都要求我們要眞心待人，爲什麼這會兒又要與人保持距離呢？

因爲，意外的發生並不是完全單方面的，很多時候是我們自己的疏忽與輕信，而讓自己遭遇傷害，深陷危機。

所以，「防範未然」確實是現代社會中人際交流的必備態度，就像故事中兩位不同處理態度的商主，演變出兩種不同的結局。

只要我們能保持一份警覺心，適度地提防某些人，我們便能保護自己，並避免掉一些不必要的意外災難。

11.
PART

不必奢求十全十美

在我們生活之中，所有的事物都是自然發生、自然結果，任何刻意的改變並不會讓它變得更加美好，一切只會變得更為虛假。

忘恩負義不會有好下場

能心懷感恩，對我們有利沒有弊，因為那不僅能消除你我心中的仇恨或怨懟，而且更能為我們增加生命的充實感與幸福感呢！

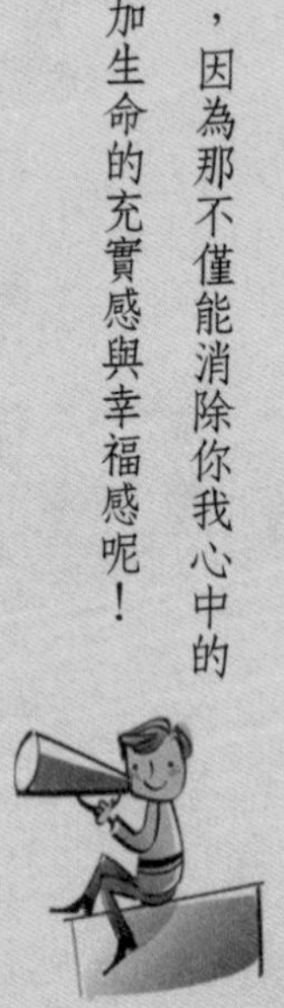

我們都知道，時時刻刻都心懷感恩的人，待人必定忠誠無二，處事之時也必定腳踏實地，他們絕不會爲了一己之私而犧牲他人，而是會爲了謀取彼此的最大利益而無悔付出。

在印度恆河邊，出現了一隻體態健美的九色鹿。

每當牠在河邊飲水時，有一隻烏鴉都會飛到樹梢來陪伴牠，結成知己的牠們，

經常結伴同遊，生活過得也相當恬靜舒適。

這天，恆河上漂來了一個載浮載沉的人，那個人在水中不斷叫喊著：「諸神呀！誰來救救我啊！」

正在河邊吃草的九色鹿，聽見水中傳來求救聲，連忙跑到水中，將那個人救上岸。

被救起的人，感激地朝著九色鹿拜謝：「神鹿呀！您真是我的救命恩人，我不會忘記你的恩德，我願意天天割草挑水，運送食物給您，讓我好好地報答您的救命之恩。」

九色鹿疲累得躺在河邊休息，聽完這個人的話語之後，搖了搖頭，好似在說：「不用了！那是我應該做的，只要你別告訴別人我的行蹤即可，因為獵人們會來傷害我的生命。」

那個人看見九色鹿搖頭，似乎也明白牠的意思，點了點頭，旋即離開。

不久之後，皇后夢見了一隻漂亮的九色鹿，美白如雪的鹿角，加上美麗非凡的花紋，令她非常著迷。一覺醒來後，皇后立即向國王撒嬌著：「國王呀，我要用九色鹿的皮來做墊子，用鹿角做拂塵，你一定要幫我找到這兩樣東西，不然我就不要活了。」

國王安撫道：「放心，我一定會幫妳找到的！」

於是，國王公告，只要有人能捉來九色鹿，便賜予他金銀財寶和官職。

那位被鹿救起的人聽到了這消息，覬覦著優渥的獎賞，竟然心生歹念，忘了他曾經對九色鹿的承諾。於是，他來到國王面前稟告：「我知道九色鹿在哪裡，請國王多帶一些兵馬捕捉。」

這個忘恩負義的人，帶著兵隊，浩浩蕩蕩地朝著九色鹿的方向前進，然而就在這個時候，他臉上忽然長滿癩痢，而且看起來很痛苦的模樣。

但是，他卻仍然不知悔改，繼續朝著九色鹿的地方走去。

這會兒，九色鹿仍然很安穩地在樹下睡覺，站在高處的烏鴉，卻發現朝著森林疾馳而來的人馬，立即大聲道：「鹿呀！有人來捉你了！」

很快地，森林便被兵馬重重包圍，九色鹿自知不能逃脫，只好直奔出來，軍隊一見到牠，立即舉箭，準備射殺。

就在這個時候，九色鹿突然開口說話：「不要射我，我有話要向大王稟告。」

國王聽見鹿居然會說人語，不由一怔，只見九色鹿跪在國王面前，哀訴道：「我有功於國家，為什麼大王要捉我？是誰告訴大王我的住處？」

國王指著那個忘恩負義的人說：「是他，但你怎麼有恩於國家呢？」

九色鹿答道：「我曾經救國王的子民，就是這人！」

接著，牠將前因後果一一詳述，國王聽了之後，憤怒地對著癩人罵道：「你居然恩將仇報，真是禽獸不如，來人啊，快把他捉回去審判。」

接著，國王還下令，禁止人民在此地打獵，違者與殺人同罪，從此以後，這個地方便成了群鹿的樂園，人們稱之為「鹿野苑」。

忘恩負義的人總是爲了一己之私，而犧牲大多數人的利益，所以梁啓超曾強烈地批評道：「忘恩負義者不齒於社會。」

故事中的國王很清楚，一個不能忠於救命恩人的傢伙，是不可能會忠於他的國家社會的，這種人自然要給予嚴懲。

其實，能心懷感恩，對我們有利沒有弊，因爲那不僅能消除你我心中的仇恨或怨懟，而且更能爲我們增加生命的充實感與幸福感呢！

大家都喜歡和心懷感恩的人在一起，但是，懷抱感恩的心就要從自己做起，因爲，當我們能將別人的恩惠點滴放在心頭，願意與人分享幸福滋味時，我們還能爲彼此共享雙贏的局面。

失去的永遠都補不回來了

不管你的地位或財富有多高，犯錯了，就別再站得那麼高，只要低頭認錯，內心發出真誠的愧疚，不必多做什麼，受傷者自然會釋懷。

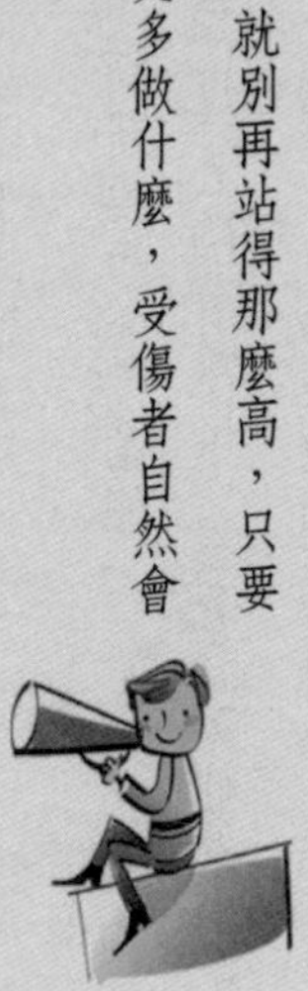

沒有人不會犯錯，只是在犯錯時，你是否眞的認爲自己有錯，這才是在彌補事故時，能否讓傷口眞正癒合的要點。

因爲，最好的彌補，是求一個「原諒」，而獲得原諒的最好方式，就是謙卑退讓，誠心認錯。

很久以前，有個愚昧的國王，聽聞宮中的文武百官，私底下對他頗多議論，說他是個暴虐的君王，又說他資質愚笨，不懂得治理國家。

國王非常憤怒，下令要揪出那些亂耍嘴皮的大臣。

但是，偵查了許久，一直都找不到傳播謠言的人。就在這個時候，國王身邊有個奸佞的小人，伺機陷害了一個賢臣，而這個愚昧的國王居然聽信奸人的話，不僅沒有詳細查證，還立即給這位賢臣一個「污衊君主」的罪名。

這個罪名相當重，那位賢臣必須忍受凌遲之刑。

可憐的大臣莫名地被誣陷，還得忍受這個割肉的酷刑，雖然僥倖沒死，卻也被折磨得只剩半條人命。

這時，朝中幾位重量級的大臣，實在看不下去了，便聯名各方人士證明這位賢臣的忠誠與老實，證明他從來沒有說過毀謗國王的話。

由於聲援的力量非常大，國王不得不停下刑罰，仔細調查。

結果終於出爐，國王這才知道，自己誤信奸人陷害賢臣，看著受冤枉的大臣，良心受到譴責，於是，他為了補償賢臣的「損失」，便在早朝的時候，命人送上一千兩豬肉，好讓大臣加倍補足身上的肉。

但是，受冤枉的大臣並不領情，得了一千兩豬肉之後，仍然呻吟、哀叫不止，狀似非常痛苦。

國王見狀，有些不悅地問：「為什麼你還這副痛苦的模樣？我雖然拿了你一百兩的肉，但是，我已經用十倍數量償還你了，你還不滿足嗎？」

這位大臣抬起頭，面有難色地看著國王，嘴巴似乎很想開口，但是卻無法答應。這時，另一位大臣開口說：「大王呀，如果有人把大王的頭割去，然後再還給您一千顆頭，不知道大王您認為如何？」

國王若有所悟地低下了頭，默然無語。

看著國王以一種「等值的交易」態度，來做出補償時，你是否也和故事中的大臣一樣，忍不住激起了相同的憤怒呢？

然而，在我們的生活周遭，許多犯錯人不也和國王一樣，總是慣用這樣的敷衍態度來粉飾太平，因爲，他們都不太願意承認自己有錯，只想推搪敷衍，讓自己的責任負擔降到最低。

於是，他們會用一種「不得已」的意外心態，以及一種「大不了賠償」的交易心態，企圖來掩飾自己所犯下的嚴重錯誤。

問題是，事情都已經發生了，又如何能讓一切回復原狀？

不管你的地位或財富有多高，犯錯了，就別再站得那麼高，因爲只要低頭認錯，內心發出眞誠的愧疚，不必多做什麼，受傷者自然會釋懷。

對症下藥，才能出現療效

雖然我們應該有些堅持，然而在執著的同時，我們也要懂得適當的轉彎，因為，即使路的方向正確，也不會是絕對筆直的。

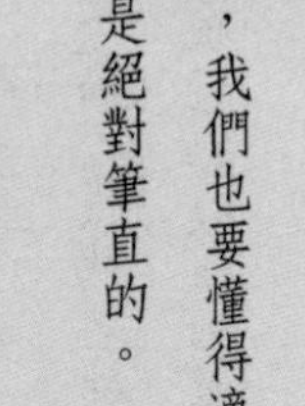

我們不能因爲自詡個性直率，而堅持要讓自己只有一個處理態度，人是活的，凡事我們都應有不同的處理方式，才能對症下藥，將問題根治。

從前有個愚鈍的國王，日子過得非常糊塗，不管是面對國家大事還是大臣們的建議，他的態度總是得過且過。

而宮中的御醫也是如此，面對糊塗的國王，在用藥上他也是胡亂給藥，只要國王不舒服，他就會開一種名為乳劑的藥品給國王吃。

神奇的是，他很幸運，每一次都能輕鬆過關，因此國王對他的「醫術」也非常信任，還經常賞賜禮品給這個「庸醫」。

有一回，國王忽然染患重病，庸醫仍然給國王吃乳劑，只是這回卻沒那麼幸運了，不僅乳劑無效，國王的病情還日漸惡化。

所幸，有位大臣為了國家與國王安危，立即請來了一位外國醫生，據說這位醫生有藥到病除的能力，診察完國王的病況之後，他便開了一帖藥方。

果然是位神醫，國王吃了一帖藥之後，一覺醒來，身體便舒服許多，再服用了兩三帖後，大病也迅速地痊癒了。

康復後的國王，立即召來這位神醫，封他為新御醫，並請問他：「為什麼舊御醫開了很多藥給我吃都吃不好？而你只開一帖藥，我就立刻舒服了呢？」

新任御醫道：「國王，其實我想建議您，希望您以後別服用乳劑了，這個東西吃太多對身體不好。」

國王非常相信新御醫的話，於是他馬上下令，凡是生病的人一律禁用乳劑，

因此，乳劑在這個國家再也沒有出現了。

但是，幾年之後的某一天，國王又生病了，御醫為國王詳細診察之後，居然勸國王要服用乳劑。

國王一聽，非常不悅地說：「你是不是被我傳染了，也病昏了頭？上一次你才叫我不要吃乳劑，怎麼今天卻又要我吃乳劑？那不是有害的嗎？」

御醫面有愧色地回答說：「還請國王原諒，我上次說得太快了，乳劑雖然不好，但是，在適當的情況之下還是可以用它的，像這次您患了熱症，就應當用乳劑來治療。」

沒想到國王不能瞭解，還大聲地怒斥道：「是你要我禁用乳劑的，現在你卻又說它是好東西，那也就是說，以前的御醫果然比你高明囉！」

新御醫冷靜地說：「大王，您誤會我的意思了，您說的舊御醫其實根本不懂醫理，更不懂得藥性，他對任何病症都只會用乳劑來醫治，這是不對的，所謂『對症下藥』，藥品只要應用得當，乳劑也能救命，不過若像他那樣胡亂運用，不僅傷身，應用不當便要送命了。」

愚笨的國王聽了這席話，終於明白其中道理，於是他乖乖地吃過了乳劑，病情果然也就好轉，於是解除使用乳劑的禁令。

一個方法通到底，很容易因爲過度的固持己見，而導致錯誤百出，甚至延誤病情，錯失了治療的良機。所以，故事中所要傳達的，正是「對症下藥」的觀念，在生活中，面對不同的人，我們就應該有不同的交流方式，面對不同的事物，也應該有不同的處理方法。

不要癡愚地固執「直行」，雖然我們應該有些堅持，然而在執著的同時，我們也要懂得適當的轉彎，因爲，即使路的方向正確，也不會是絕對筆直的。

不必奢求十全十美

在我們生活之中，所有的事物都是自然發生、自然結果，任何刻意的改變並不會讓它變得更加美好，一切只會變得更為虛假。

你懂得缺陷美嗎？

你知道，十全十美原來也是一種缺陷嗎？

所謂「麝因香重而早亡」，正是十全十美的另一種缺陷啊！

別忘了「物極必反」的道理，我們何必爲了強求完美的一切，而煩憂不已，最後又失去自然天生的美麗呢？

有一則寓言故事說，從前有一個男子，娶了一個非常懂得理家的老婆，他的妻子不僅能幹，而且德性也是人人稱讚。

然而，在外貌上她卻有一個缺點，那便是她長了個歪鼻子，也因為這個歪鼻子，男子對他的妻子諸多抱怨。

這天，男人看著妻子的臉，居然心想：「我一定要想辦法幫老婆找到一個漂亮的鼻子！」

到了午后，這個男子在微風的吹拂下，昏昏沉沉地打起了盹，迷迷糊糊之中，他似乎走出了大門，來到街上閒逛。

他發現，走在大街上的年輕婦女，容貌都長得端正秀麗，這時迎面來了一位貴族打扮的女子，鼻子長得更是端正而豐厚，十分美麗。

轉念間，他忽然想到：「如果能夠把這個美麗鼻子放到我老婆的臉上，一定會非常完美！」

為了這個鼻子，男子像個瘋子似的，居然拿起刀子，將女子的鼻子割了下來，然後帶著血淋淋的「美鼻」，狂奔回家。

當他看見妻子，也立即割下她的歪鼻子，接著拿出那只「美鼻」，往妻子的臉上貼去。

然而，不管他怎麼弄，「美鼻」就是無法服服貼貼地裝在老婆的臉上，甚至，比對了之後，他發現，這只「美鼻」似乎並不適合老婆的臉。

忽然，老婆尖叫了一聲，只見她臉上鮮血直流，恐怖至極，而且不斷對著丈夫怒吼：「你，害死了我！」

當男子驚慌失措時，天上忽然掉下了許多「美鼻」，男子驚嚇地狂奔出去，突然「碰」地一聲……

原來，男子從椅子上跌了下來，而他的老婆以為發生了什麼事，連忙跑了出來：「怎麼了？」

男子看著老婆，發現原來是一場惡夢，這才放心地說：「沒事，我只是望著妳的美麗鼻子，出神了。」

老婆困惑地問：「是嗎？你平日最厭煩的，不是我這只歪鼻子嗎？」

在我們生活之中，所有的事物都是自然發生、自然結果，任何刻意的改變並不會讓它變得更加美好，一切只會變得更爲虛假。

所以，故事中的旨意要告訴我們：「不必刻意要求外在事物變得十全十美，只要心懷十全十美，你便擁有了真正的十全十美。」

那麼，怎樣才算是最美麗的鼻樑？

當你站在鏡子面前，用欣賞的眼光肯定著獨一無二的自己，就沒有人能否定你的美麗容貌了。

不要讓虛榮心戕害你的生命

有人為了面子，輕易地放棄了生活中最重要的一切，為了這麼一個小小的面子，甚至願意遺棄生命中最可貴的一切。

不論是禪學佛說，還是勵志小語，其中共通的精神目標都是要讓我們知道：

「只要能擁有自己，你就已經擁有了一切！」

許多人解脫不了的，不是現實環境的惡劣，而是不願意敞開自己的心扉，坦然活在當下，只想著鑽進黑暗之中，放棄高掛天空的希望光照。

有個名叫提韋的婆羅門婦人，原本生活在一個富裕之家，但是，自從丈夫死了之後，家道便日漸中落。

過慣了好日子的提韋，生活虛開銷逐漸吃緊，然而為了身份和面子，她卻連一個傭人也沒有解僱。

因為，她堅持：「寧願死，也不能失去面子。」

正因為這樣的固執，居然讓生活日漸困苦的提韋，心中產生了放棄生命的念頭，也相信這樣的錯誤觀念：「要求得快樂，必須以痛苦來換取，也就是說，死亡之時如果熬得越痛苦，來世便能享受更多的快樂。」

提韋心想：「如果被活活燒死，我就能換得來世的快樂，再者，死了我就不必再忍受這些生活壓力，而在名譽方面，我還可以聲稱說是為了求道而死，嗯！這樣也算圓滿。」

所幸，她的念頭被辯才尊者發現了，這天尊者來到她家，希望能點化她。

尊者對提韋說：「因為負不起家裡的重擔，妳竟然想燒身求死，是不是？不過，我必須先提醒妳一件事，事實上，那一點也不能免除妳的責任，反而會加重妳的罪業。因為，前生的惡業如果沒有受完，來世妳還是要再繼續。還有，自焚

身體是一種重罪，焚身也是自殺的行為，在阿鼻地獄，妳將晝夜焚燒，一整天不斷地經歷，而且要一直燒到幾萬年才能夠消除。」

提韋聽完尊者的話，心中似有所悟，當她還想發問時，尊者像看透她心意似的說：「一切的善惡都是由一顆心引起，如果妳心存惡念，即便是明朗的月亮，也會像被烏雲遮蔽一樣，顯不出它的光明。唯有一心行善，惡念不存，那麼，就會如清風吹開烏雲，月亮便能立即展露光芒，而妳不但能滅除罪惡，對來世也更有好處。」

提韋點了點頭，接受了尊者的教訓，從此，她奉行佛教，並發心願，解救眾生的苦痛，最終也證得聖果。

聽見寧願「死，也不能失去面子」時，你是否也感到驚訝，原來人們的執迷不悟竟然如此相近！

殊不見，有人就像提韋一樣，爲了所謂的面子，輕易地放棄了生活中最重要的一切，爲了這麼一個小小的面子，甚至願意遺棄生命中最可貴的一切。

為了面子問題，我們都曾經誤入歧途，雖然我們沒有嚴重到像提韋一樣，差點要用生命來換取，然而，這種錯誤的觀念和消極的想法，卻是許多現代人都有的，不是嗎？

凡事換個角度看，因為生命的關鍵時刻是在「當下」，生活再困苦也會過去，面子再難堪，都已經是過去的了，我們真正要在意的是：「此刻，我們要走出困苦和難堪。」

互助，就是最好的獲利公式

生命是相互依存的關係，生活是共同分享的過程，你我之間計較越多，生命便會產生越多傷口，生活也會越加崎嶇難行。

在商場上，許多人都很懂得如何投資獲利，但是在投資大社會的利益中，絕大多數人總是不知道要如何計算。

很久以前，有個商人帶了幾個合夥人，一同到海外去尋找寶物，經過了一個月的找尋，每個人都載著滿船的珍寶準備返鄉。

在回鄉的航線上，開心的他們飲酒高歌，完全忽略了多變的大海。就在他們熱熱鬧鬧地狂歡時，原本晴空萬里的天際，轉眼間變成烏雲密佈，一陣狂風襲來，還捲起了一道巨浪。更不幸的是，這個巨浪就這麼擊中了商船，商人們便在轉瞬間全掉入了大海。

殘破的船骸漂浮在水面上，每個人都想用力地抓住這些浮木，然而沉浮在大浪的起伏間，想要捉住浮木，並不是件容易的事。終於，有位商人抓住了一根大木頭，安心地藉著木塊的浮力，漂浮在水面上。

然而，當他看見其他人，仍然在水面上載浮載沉地高聲呼喊時，心有不忍地想：「不知道他們會被捲到哪兒去？我已經安全了，如果他們能抓住我，一定也能安全渡過。」

於是，他努力地游到同伴的身邊，叫大家拉緊他的衣服與身體：「你們抓緊我，我們就能一起活下來了！」

人們的求生意識是很驚人的，不會兒工夫，商人已經被其他人團團包圍，只是，風浪實在太大了，還是有人半途被海浪吞沒。這個使命感很重的商人，心痛地看著無力支持下去的同伴，心中更是難過，他知道：「我一定要用盡全力支持住，其他人才能活下去！」

商人用盡全身力氣，將抱住他的人們，奮力地拖到了岸上，當最後一個同伴躺在岸上時，商人卻再也沒有力氣爬起來了，然而他覺得：「一個人換十幾條命，值得！」

有付出便有收穫，爲了成功事業我們都很懂得這項公式，然而在待人處世上，許多人卻是非常吝嗇的。

生命是相互依存的關係，生活是共同分享的過程，你我之間計較越多，生命便會產生越多傷口，生活也會越加崎嶇難行。

所以，「互助合作」與「共同分享」是用來完美社會的最佳公式，更是我們共創奇蹟的唯一利器。於是，我們回頭來計算故事中的投資，一個人換十個人當然值得了，不是嗎？

穩健踏實，比一名致富更有價值

別想再依賴那百萬分之一的好運，應該一天天、一步步地努力累積，這樣一來，我們照樣能坐擁百萬財富。

許多一夕致富的故事或傳說，故事裡的主人翁總是因爲絕佳的運氣，在很短的時間內得到一大筆財富，成爲億萬富翁；又或者如電視新聞報導的那樣，因爲一張彩票而扭轉了一生的命運。

現實生活裡，希望靠運氣發財的人從來沒有減少過，正因爲如此，才會有那麼多人沉迷於賭博、熱衷於簽注，將自己的未來賭在那可遇不可求的「好運」上。

十九世紀中期，美國加州傳來發現金礦的消息，許多人認為這是一個千載難逢的好機會，於是紛紛趕赴加州。十七歲的亞默爾也加入這支龐大的淘金隊伍，與大家一樣，歷盡艱辛才來到加州。

雖然淘金夢是美麗的，但做這種夢的人太多了，越來越多人蜂擁而至，一時間加州遍地都是淘金客，金子自然越來越難淘，生活也越來越艱苦。

此外，由於當地氣候乾燥，水源缺乏，許多不幸的淘金者不但沒有圓夢致富，反而葬身此處。

亞默爾經過一段時間的努力後，和大多數人一樣沒有發現黃金，反而被飢渴折磨得半死。

有一天，望著水袋中一點點捨不得喝的水，聽著周圍人對缺水的抱怨，亞默爾突發奇想：「淘金致富的希望太渺茫了，還不如賣水呢！」

於是，亞默爾毅然放棄對金礦的執著，將手中挖金礦的工具變成挖水渠的工具，從遠方將河水引入水池，並用細紗仔細過濾河水，將它變成清涼可口的飲用水，然後將水裝進桶裡，再挑到山谷中一壺一壺地賣給找尋金礦的人。

當時，有人嘲笑亞默爾，說他胸無大志：「你這個傻子，千辛萬苦地到加州來，不努力挖金子發大財，卻做起這種蠅頭小利的小買賣，這種生意哪兒不能做，何必跑到這裡來？」

不過，亞默爾毫不在意，不為所動，繼續賣他的水，很順利地用幾乎無成本的飲用水進行另一種形式的淘金。

結果，絕大多數淘金者都空手而歸，但亞默爾卻在極短時間內靠賣水賺到不小的財富，穩穩地擁有創業的第一筆資金。

亞默爾沒有天上掉下來的好運，但正確的抉擇卻讓他在淘金客的天堂中成功地致富。

他憑藉的不是運氣，而是智慧與努力。

水怎麼會比金子更有價值呢？當然會的！當一大群人在河邊奮鬥了好幾天，卻只換來極零散細小、根本不值多少錢的金沙之時，亞默爾賣給淘金客的飲水，早就為他賺進可觀的數字，更何況水的來源極為穩定，幾乎毫無成本可言，自然

能爲亞默爾帶來大筆財富。

穩健踏實的亞默爾成功了，聰明的你是不是也受到他的啓發？亞默爾懂得放棄遙不可及的淘金夢，轉而腳踏實地追求財富，我們是不是也該放棄那一夕致富的妄想？

別想再依賴那百萬分之一的好運，應該一天天、一步步地努力累積，這樣一來，即便我們是那些沒有好運氣，照樣能坐擁財富。

別人禮遇的，只是你的頭銜

沒有永遠存在的權力，與其緊抓著頭銜不放，倒不如好好的修養自己；如此，你能得到的，會遠比頭銜給你的還要多。

有很多人因爲自己的頭銜很高，就目中無人，以爲每個人對他的禮遇和尊重是理所當然的，可是一旦卸下了這個頭銜，以往的尊重和禮遇就全都不見了。

這時，他們才落寞地發覺，別人眞正尊重的，其實只不過是他的頭銜而已，而不是他本身。

你也曾經有過這樣的失落經驗嗎？

古時候有一位大將軍，因為替朝廷立了許多戰功，非常受皇帝倚重、信任，權勢也很大。在他過八十大壽的時候，家人特地邀請了許多賓客一起為他祝賀。壽筵上，有人問大將軍說：「請問將軍，在您這一生當中，有沒有最值得回憶的事？」

所有的賓客都以為，大將軍會將某一場功勳卓著的戰役視為最值得回憶的事。沒想到，大將軍思索了一會，卻回答說：「我這一生最值得紀念的一件事，應該是某天午後，我穿著便服外出散步，走到橋頭的時候，遇到一個小女孩。」

賓客們聽到這裡，紛紛猜測接下來一定會有出人意表的發展，並且認為那個小女孩絕對不是普通的人物，不然怎麼會讓這位威震天下的大將軍留下那麼深刻的記憶？

聽了賓客們的猜測，大將軍笑著搖搖頭說：「你們都猜錯了，她不過是一個普通人家的小女孩而已。」

大家聽了更好奇了，一個普通人家的小女孩，怎麼可能令大將軍如此記憶猶新呢？

大將軍慢慢說道：「這個小女孩只不過是希望我帶著她過橋而已。」看見賓客們一頭霧水的樣子，大將軍對賓客們解釋：「當我穿著將軍的官服時，每個人都對我畢恭畢敬，不論走到哪裡，大家都對我百般禮遇。可是那一天，我就像個普通百姓一般，穿著尋常的便服，走到人來人往的橋頭，那個小女孩還是選擇了我帶她過橋。這表示，就算我不是大將軍，卻仍然能夠得到別人的信任，這是我終生引以為傲的一件事！」

不管是多威風、多顯赫的頭銜，總有一天會因爲時間的變化而褪色，因爲使頭銜發光發亮的是別人，所以使它褪色的也是別人。

由歷史上的種種例子，我們可以得知，世界上沒有永遠存在的權力，人生舞台上也沒有永不退場的演員。

與其緊抓著頭銜不放，或者試圖透過頭銜贏得別人敬重，倒不如好好的修養自己；如此一來，你能得到的，會遠比頭銜給你的還要多。

不要淪為慾望的奴隸

要記住，慾望是人類的工具，目的是用來讓人類生活更好，而不要讓自己淪為慾望的奴隸。

現代人的物質生活雖然很豐富，但是，由於瘋狂而盲目地追求身外之物，心靈卻逐漸空虛。

不管是權力、名位，還是金錢，它們所帶來的快樂都只是暫時的，雖然它們的重要性不容懷疑，但是，無論它們在現實生活中再怎麼重要，也不能用來交換心靈的快樂與滿足。

因爲，快樂是精神層次的感受，不是物質層次的東西可以替代的。

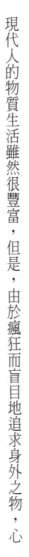

據說，上帝雖然依照自己的形象創造了人類，可是不想將生命的秘密告訴人類，因為祂怕人類知道之後會威脅到眾神的尊嚴。但是，上帝左思右想，又不知道該把生命的秘密藏在什麼地方，才不會輕易被人類發現。

上帝於是召集眾神，問他們有沒有什麼好辦法。

其中，一個天神提議說：「乾脆把這個秘密埋藏在高山上，這樣人類就找不到了。」

上帝想了一下，覺得不妥：「可是，萬一人類去山上開墾的話，那不就被發現了嗎？」

又有一個天神提議說：「那就把這個秘密藏在最深邃的海底好了。」

上帝又搖搖頭說：「這個方法也不好。我賜予了人類智慧，等到他們以後發展出高度的科技文明時，自然也有辦法到深海底去探勘，到時候這個秘密還是會被找出來的。」

當所有的神都想不出好的方法時，有一個排在最後面的天神走到上帝面前，說道：「我有一個好辦法，乾脆把生命的秘密藏在人類的心靈深處，因為人類的

天性只會不斷向外追尋，從來不會探索自己的內心深處。把生命的秘密放在這裡，人類就永遠找不到它了。」

上帝聽了覺得有理，於是採用這位天神的辦法，將生命的秘密藏在每個人的心靈深處。

的確，生命的秘密就在你的心靈深處。

我們都只是塵世裡凡人，心裡都會有著各種慾望，而且正因爲有了這些慾望才會激發不斷進步的動力。

擁有慾望並不是一件壞事，但是要記住，千萬不要讓過多的慾望蒙蔽了自己的心靈。否則，你不但會越來越不快樂，同時在人生的過程中，遍尋不著生命的眞正意義。

要記住，慾望是人類的工具，目的是用來讓人類生活更好，而不要讓自己淪爲慾望的奴隸。

用寬容的心情，處理惱人的事情

Forgiveness of the Heart

懂得寬容，

處世才會更圓融

莎士比亞曾經寫道：

「為了小事爭執，往往會使這件小事顯得格外重大，甚至會讓你惱羞成怒。」

真正聰明的人懂得原諒別人，懂得適時放下偏執，用寬容的心情面對那些惱人的事情，不會為了不愉快的人事物氣不停，也不會讓負面的情緒控制自己。
寬容是一種生活智慧，人生不可能沒有失意、煩惱，人與人不可能沒有摩擦、齟齬，要學會轉換心情看事情，不要讓小事困擾自己。
唯有選擇帶著微笑面對，走在人生路上才會擁有更多機會。

黎亦薰 編著

放下痛苦，你才能過得幸福

活在當下，把握生命的每一剎那

蕉綠 編著

作家斯特恩曾經寫道：「痛苦與歡樂就像光明與黑暗互相交替，只有知道怎樣使自己適應它們，跟它們和平共處，才懂得怎樣生活。」每個人的生命歷程都會有幸福時光，也必定會有痛苦時刻，願意面對痛苦、放下痛苦的人，才能擁有真正的幸福。

人必須活在當下，把握生命的每一剎那。不要老是抱怨自己為何遭逢那麼多挫折，為何人生路走得那麼坎坷，只要你願意放下這些負面的想法，你就會找到屬於自己的幸福快樂。

你的態度，決定你的前途

生活良品

40

作　　者　王　渡
社　　長　陳維都
藝術總監　黃聖文
編輯總監　王　凌
出 版 者　普天出版家族有限公司
新北市汐止區忠二街 6 巷 15 號
TEL / (02) 26435033 (代表號)
FAX / (02) 26486465
E-mail：asia.books@msa.hinet.net
http://www.popu.com.tw/
郵政劃撥 19091443 陳維都帳戶
總 經 銷　旭昇圖書有限公司
新北市中和區中山路二段 352 號 2F
TEL / (02) 22451480 (代表號)
FAX / (02) 22451479
E-mail：s1686688@ms31.hinet.net
法律顧問　西華律師事務所・黃憲男律師
電腦排版　巨新電腦排版有限公司
印製裝訂　久裕印刷事業有限公司
出 版 日　2021 (民 110) 年 12 月第 1 版
I S B N◉978-986-389-800-9　　條碼 9789863898009

國家圖書館出版品預行編目資料

你的態度，決定你的前途／
王渡著.—第 1 版.—：新北市,普天出版
民 110.12 面；公分. - (生活良品；40)
I S B N◉978-986-389-800-9 (平裝)